Michael Flöter, Tanja Steinhorst

Privacy Enhancing Technologies - Ein Überblick

GRIN - Verlag für akademische Texte

Der GRIN Verlag mit Sitz in München hat sich seit der Gründung im Jahr 1998 auf die Veröffentlichung akademischer Texte spezialisiert.

Die Verlagswebseite www.grin.com ist für Studenten, Hochschullehrer und andere Akademiker die ideale Plattform, ihre Fachtexte, Studienarbeiten, Abschlussarbeiten oder Dissertationen einem breiten Publikum zu präsentieren.

Michael Flöter, Tanja Steinhorst

Privacy Enhancing Technologies - Ein Überblick

GRIN Verlag

Bibliografische Information der Deutschen Nationalbibliothek: Die Deutsche Bibliothek
verzeichnet diese Publikation in der Deutschen Nationalbibliografie; detaillierte bibliografische Daten sind im Internet über http://dnb.d-nb.de/ abrufbar.

1. Auflage 2006
Copyright © 2006 GRIN Verlag
http://www.grin.com/
Druck und Bindung: Books on Demand GmbH, Norderstedt Germany
ISBN 978-3-638-79480-0

Privacy Enhancing Technologies
- Ein Überblick -

Seminararbeit

Institut für Wirtschaftsinformatik,
Lehrstuhl für M-Commerce und mehrseitige Sicherheit
Fachbereich Wirtschaftswissenschaften

Johann-Wolfgang-Goethe-Universität
Frankfurt am Main

von

Dipl.-Kfm. Michael Flöter   Dipl.-Kff. Tanja Steinhorst

bearbeitete Kapitel

2.3, 2.4, 3.2.1, 3.2.2, 3.3.2, 3.3.4, 3.3.5	2.1, 2.2, 3.3.1, 3.3.3, 3.3.6

Inhaltsverzeichnis

Abbildungsverzeichnis

Tabellenverzeichnis

Abkürzungsverzeichnis

BDSG	Bundesdatenschutzgesetz
GB	Gigabyte
IM	Identitätsmanagement
MDStV	Mediendienstestaatsvertrag
MMS	Multimedia Messaging Service
P3P	Platform for Privacy Preferences
PC	Personal Computer
PCMCIA	Personal Computer Memory Card International Association
PDA	Personal Digital Assistant
SMS	Short Message Service
PET	Privacy Enhancing Technologies
TDDSG	Teledienstedatenschutzgesetz
WAP	Wireless Application Protocol
WEP	Wired Equivalent Privacy
WLAN	Wireless Local Area Network
WPA	Wi-Fi Protected Access

Anhangsverzeichnis

1 Problemstellung

In den letzten Jahren hat die Verbreitung des Internets immer mehr zugenommen. Mittlerweile gehört es zum alltäglichen Umgang der Menschen und erleichtert ihnen in vielerlei Hinsicht das Leben. Allerdings führt besonders die Einführung drahtloser Kommunikationstechnologien und eine stetig steigende Nachfrage nach diesen auch zunehmend zu einer Gefährdung der Privatsphäre eines jeden Bürgers und damit auch seines Rechts auf informationelle Selbstbestimmung. Dieses Recht verlangt den Schutz des Einzelnen gegen unbegrenzte und unbefugte Erhebung, Speicherung, Verwendung und Weitergabe seiner persönlichen Daten.

Privacy Enhancing Technlogies (PET), also Technologien zur Verbesserung des Datenschutzes, stellen Techniken dar, die schon seit langer Zeit Gegenstand von Forschungsaktivitäten sind und diese Problematiken entschärfen sollen.

Diese Arbeit soll einen Überblick über etablierte PET geben und betrachten, wie diese in den mobilen Kontext adaptiert werden können. Dafür soll zunächst geklärt werden, was unter PET zu verstehen ist. Dazu wird neben einer definitorischen Abgrenzung betrachtet, welche Daten Teile der Privatsphäre darstellen und warum man diese überhaupt schützen muss. Im darauf folgenden Kapitel wird eine Abgrenzung erfolgen, was hier unter dem Begriff des mobilen Kontextes verstanden wird, um im Anschluss daran einzelne PETs vorzustellen und diese im Hinblick auf ihre Eignung für den Einsatz im mobilen Kontext zu bewerten.

Da in der Literatur nur sehr wenig Einigkeit bezüglich der Strukturierung und Klassifizierung von PETs herrscht, wurde sich im Kapitel 3.3 diesbezüglich an dem Lehrbuch von Rüdiger Grimm (2003) orientiert.

2 PET – Privacy Enhancing Technologies

2.1 Definitorische Abgrenzung von PET

Die Entwicklungen in der Informations- und Kommunikationstechnologie bieten immer größer werdende Möglichkeiten, persönliche Daten zu sammeln, zu speichern, zu verarbeiten und zu verteilen. Dadurch eröffnen sich viele Chancen bezüglich neuer Dienste und Geschäftsmodelle, aber auch große Gefahren betreffend des Umgangs mit diesen. Daher wird es immer wichtiger, so genannte PET – Privacy-Enhancing Technologies einzusetzen, um die Privatsphäre von Nutzern vor unbefugtem Zugriff und Verarbeitung ihrer personenbezogenen Daten zu schützen. Was im Folgenden unter dem Begriff PET verstanden wird, soll in diesem Gliederungspunkt geklärt werden (vgl. Blarkom; Borking; Olk 2003, S. 33 und Biskup; Flegl 2002, S. 1).

Für die deutsche Übersetzung von PET existieren differierende Ausführungen. Häufig werden PET als Datenschutzfördernde Techniken oder auch als Datenschutzfreundliche Technologien bezeichnet. Wichtiger als die reine Übersetzung dieses Begriffes ist dessen Inhalt. Auch dabei existiert in der Literatur keine Eindeutigkeit bezüglich des Umfangs des Begriffsinhaltes. Daher werden zunächst einige Definitionen vorgestellt, um anschließend zu klären, was innerhalb dieser Arbeit unter PET verstanden wird (vgl. GI 2006, Internetseite und Arbeitsgruppe Datenschutzfreundliche Technologien 1997, S. 3).

"Privacy-Enhancing Technologies is a system of ICT measures protecting informational privacy by eliminating or minimising personal data thereby preventing unnecessary or unwanted processing of personal data, without the loss of the functionality of the information system." (Blarkom; Borking; Olk 2003, S. 33)

"Privacy Enhancing Technology (PET) enables the user of communication systems to protect himself or herself from being traced his or her activities and behaviour." (Federrath 2005, S.1)

"The concept of Privacy Enhancing Technologies aims at organising/engineering the design of information and communication systems and technologies with a view to minimising the collection and use of personal data and hindering any unlawful forms of processing by, for instance, making it technically impossible for unauthorised persons to access personal data, so as to prevent the possible destruction, alteration or disclosure of these data. The practical implementation of this concept requires organisational as well as technical solutions." (EUROPEAN COMMISSION 2003, S. 1)

"PET steht für 'Privacy Enhancing Technology', also Technologie, die den Datenschutz verbessert." (Grimm 2003, S. 82)

Betrachtet man diese Definitionen von PET und die Übersetzung des Begriffes ins Deutsche, wird deutlich, wie unterschiedlich der Geltungsumfang des Begriffes PET gefasst wird. Eindeutig ist, dass PET die Durchsetzung des Rechtes auf Datenschutz unterstützen und fördern soll. Was ist aber unter dem Begriff Datenschutz zu verstehen?

„Das Datenschutzrecht dient dem Schutz des Rechts auf informationelle Selbstbe-stimmung als Ausprägung des Grundrechts auf Schutz und Endfaltung der Persön-lichkeit ... ."(Roßnagel; Bizer 1995, S. 22)

Datenschutz ist also das Recht auf informationelle Selbstbestimmung, also selbst entschei-den zu können, wer auf meine persönlichen bzw. personenbezogenen Daten zugreifen darf und wie dieser diese verwendet (vgl. Roßnagel; Bizer 1995, S. 22). Betrachtet man die aufgeführten Definitionen wird deutlich, dass PETs Technologien darstellen, die persönli-che Daten vor einem unbefugten Zugriff und einer unbefugten Verarbeitung schützen soll. Dies wird auf zwei Arten realisiert. Erstens durch eine Reduktion bzw. Elimination der verwendeten personenbezogenen Daten. Zweitens durch Techniken, die einen Zugriff und Manipulation dieser Daten durch Unbefugte verhindern soll, jedoch ohne dass die Funkti-onalität der verwendeten Dienste in Kommunikationsnetzwerken eingeschränkt wird. Auch wenn in dem Begriff PET das Wort Technologie bzw. Technik vorkommt, wird in der De-finition der Europäischen Kommission deutlich, das das Konzept PET sowohl technisch als auch organisatorisch umgesetzt werden kann (s.a. Kapitel 2.5).

Darüber hinaus lassen sich nach der Begrifflichkeit des TDDSG (Teledienstedatenschutz-gesetz) drei zentrale Funktionen von PETs eruieren (vgl. Grimm 2003, S. 83): Schaffung ...

- ... von Transparenz

- ... eines Systemdatenschutzes

- ... eins Selbstdatenschutzes

Abzugrenzen von PET sind PIT – Privacy Invading Technology, welche in die Privatsphä-re des Nutzer eindringen, indem sie mehr persönliche Daten sammeln als der Dienst benö-tigt und diese ggf. auch zweckfremd verwenden (vgl. Grimm 2003, S. 82).

2.2 Gefahren für die Privatsphäre

Der Schutz der Privatsphäre ist am höchsten, wenn die Menge der zu verarbeitenden per-sonenbezogenen Daten gleich null ist. Dies ist natürlich nicht möglich, da bestimmte Dienste ein Mindestmass an personenbezogenen Daten für ihr Funktionieren benötigen.

Jedoch lässt sich die Menge der verwendeten Daten erheblich reduzieren. Beispielsweise ist es nicht notwendig, dass der Erbringer eines Telekommunikationsdienstes erfährt, welche Teilnehmer er gerade verbindet (vgl. Federrath; Pfitzmann 2002, S. 5).

Für die Restmenge der personenbezogenen Daten sind Schutzmechanismen zu implementieren, damit Unbefugte nicht auf diese zugreifen können. Denn in vernetzten Systemen, die eine Verbindung zu offenen Netzen wie das Internet haben oder drahtlose Übertragungstechnologien verwenden, ist die Gefahr von Angriffen durch Unbefugte recht groß. Der Implementation von Schutzmechanismen liegen bestimmte Schutzziele zu Grunde, welche durch verschiedene Arten von Bedrohungen nicht korrumpiert werden dürfen, um die Privatsphäre sicher zu stellen (vgl. BSI 2003b, 55 f. und Federrath; Pfitzmann 2002, S. 5 f.).

Die Schutzziele eines Systems oder einer bestimmten Gruppe von personenbezogenen Daten sind abhängig von den jeweiligen spezifischen Bedingungen, in denen diese angewendet werden. Sie können von Fall zu Fall beliebig kompliziert werden. Auch die Literatur bietet verschiedenen Ansätze zur Gruppierung von Schutzzielen an, jedoch haben sich drei Schutzziele etabliert und werden daher als die klassischen Schutzziele deklariert (vgl. BSI 2003b, 58):

- **Vertraulichkeit** – ist die Verhinderung der unauthorisierten Gewinnung von Informationen, d. h. in unserem Fall von personenbezogenen Daten.

- **Integrität** – ist die Verhinderung einer unauthorisierten und unbemerkten Veränderung der Daten. Teilweise können die Daten trotz des Einsatzes von PETs verändert werden, dies erfolgt dann aber nicht unbemerkt.

- **Verfügbarkeit** – bedeutet, dass die jeweiligen Daten zu allen Zeitpunkten, verfügbar sein müssen, zu denen authorisierte Personen auf diese zugreifen möchten.

Andere Schutzziele wie beispielsweise Authentizität, Anonymität oder Nichtabstreitbarkeit lassen sich entweder in eines der drei klassischen Schutzziele einordnen oder sie sind eine Kombination dieser. Maßnahmen die dem Schutz von personenbezogener Daten dienen, also PETs, stellen Maßnahmen zur Erreichung dieser Schutzziele dar (vgl. BSI 2003b, 58).

Um jedoch Maßnahmen zum Schutz von personenbezogenen Daten zu entwickeln und zu realisieren, muss man wissen, wovor man die Daten schützen muss. Dabei lassen sich Bedrohungen durch Hard- und Softwarefehler, Katastrophen und demotivierte Anwender nennen. Diese Bereiche werden hier allerdings nicht weiter betrachtet. Die hier betrachteten PETs sollen den Nutzer vor einer unsachgemäße Verwendung seiner persönlichen Daten schützen und auch Angriffe durch unautorisierte Personen oder Programme verhindern bzw. erschweren (vgl. Adam 1995, S. 14 f. und BSI 2003b, 56).

Unter Angriffen versteht man eine Zusammenfassung von bösartigen Versuchen, die Schutzziele des Systems oder der Gruppe von personenbezogenen Daten zu verletzen. Dabei wird dies über den Weg von so genannten Schwachstellen versucht. Schwachstellen sind Wege, über die man in das System gelangen kann und so auf personenbezogene Daten zugreifen kann. Diese Wege sind Schwachstellen, weil ihr Schutz vor unauthorisiertem Zugriff nicht oder nicht ausreichend realisiert wurde. Man unterscheidet aktive und passive Angriffe. Passive Angriffe beschränkten sich auf das Abhören und Beobachten von Systemen und Datenströmen mit dem Ziel, Informationen bzw. personenbezogene Daten zu erlangen. Aktive Angriffe beschreiben Aktionen des Angreifers, bei denen er aktiv in das System eingreift oder mit diesem Interagiert. Die Ziele von aktiven Angriffen sind deutlich gefährlicher als die der passiven. Der Angreifer möchte auch hier Daten abhören, aber darüber hinaus besitzt er häufig auch Interesse daran, diese zu manipulieren oder in das System einzudringen, um dieses zu korrumpieren. Es lassen sich folgende für uns relevante Klassen von Angriffsformen bzw. Bedrohungen identifizieren (vgl. BSI 2003b, 56 f und Lazarek 2006, S. 17):

- **Data Interception** – Ein Angreifer hört Datenströme ab, die nicht für ihn bestimmt sind (Lauschangriff).

- **Mis-Routing** – Daten werden an eine andere als die authorisierte Zieladresse gesendet.

- **Replay** – Benutzereingaben (z. B. Login-Daten) werden durch unautorisierte Personen aufgezeichnet und wieder abgespielt mit dem Zweck, die Identität des eigentlichen Benutzers zu erlangen.

- **Masquerade** – Vortäuschung einer anderen Identität, um Informationen oder besondere Privilegien zu erlangen.

- **Manipulation** – Daten werden verändert oder gelöscht.

- **Repudiation** – Ein Benutzer streitet ab, bestimmte Daten gesendet zu haben.

- **Traffic Analysis** – Analyse des Verhaltens von Nutzern, um daraus bestimmte Schlüsse zu ziehen und Profile erstellen zu können.

- **Identity Interception** – Die Identität eines Nutzers wird für unauthorisierte Zwecke einbehalten, z. B. Aufzeichnung der übermittelten Nummer bei Seelsorgetelefonen.

Neben dem Schutz vor Angriffen müssen PETs auch die unsachgemäße und gesetzeswidrige Verwendung von persönlichen Daten durch Dienstanbieter verhindern (vgl. Grimm 2003, S. 83 ff.).

2.3 Welche Daten sind zu schützen?

In der definitorischen Abgrenzung von PETs wurde bereits erläutert, dass personenbezogene Daten in diesem Kontext die zu schützenden Daten darstellen. Was ist aber unter personenbezogenen Daten zu verstehen und existieren unterschiedliche Schutzbedürftigkeiten bei diesen Daten? Diese Fragen sollen im Folgenden geklärt werden.

Unter personenbezogenen Daten versteht man nach dem BDSG § 3 (1) „... *Einzelangaben über persönliche oder sachliche Verhältnisse einer bestimmten oder bestimmbaren natürlichen Person (Betroffener).*" (BDSG § 3 (1)).

Innerhalb des Datenschutzes existieren 3 unterschiedliche Risikoklassen mit unterschiedlichen Schutzbedürfnissen. Daher müssen die jeweilig implementierten PETs an die jeweilige Schutzbedürftigkeit der zu verarbeitenden und gespeicherten Daten angepasst sein (vgl. Münch 2005, S. 128).

Daten der **Datenklasse 1** (Geringes Risiko) stellen keine besonderen Anforderungen an ihren Schutz. Der unbefugte Zugriff auf Daten der **Datenklasse 2** (mittleres Risiko) kann Nachteile für die betreffende Person bedeuten oder gegen gesetzliche Vorschriften verstoßen. Daher dürfen diese nur einem beschränkten Personenkreis zur Verfügung stehen, und es werden besondere Sicherungsmaßnahmen notwendig. Zu dieser Datenklasse gehören nach dem BDSG auch personenbezogene Daten mit Ausnahme der besonderen Daten nach § 3 (9). Bei einem unbefugten Zugriff auf Daten der **Datenklasse 3** (hohes Risiko) kann der betreffenden Person erheblicher Schaden zugefügt werden. Es müssen strenge Sicherheitsmaßnahmen zu deren Schutz implementiert werden. In diese Kategorie gehören auch die nach § 3 (9) BDSG besonders sensitiven personenbezogen Daten wie „*Angaben über* *die rassische und ethnische Herkunft, politische Meinungen, religiöse oder philosophische Überzeugungen, Gewerkschaftszugehörigkeit, Gesundheit oder Sexualleben"* (BDSG § 3 (9)) (vgl. Münch 2005, S. 128 f.).

Personenbezogene Daten wurden demnach in die Kategorien 2 und 3 eingeordnet. Diese Einteilung wird allerdings in der Realität nicht die notwendige Abstufung bereitstellen.

Daher sind vom Datenschutzbeauftragten des Landes Niedersachsens folgende fünf Stufen für personenbezogene Daten vorgeschlagen worden (vgl. vgl. Münch 2005, S. 129 f.):

Stufe A: Frei zugängliche Daten – Eine Einsichtnahme in diese Daten bedarf keiner gesonderten Zustimmung. Dies sind beispielsweise Telefonbücher oder Mitgliederverzeichnisse.

Stufe B: Personenbezogene Daten ohne besondere Beeinträchtigung – Der Einsichtnehmende benötigt ein berechtigtes Interesse an der Einsichtnahme. Dies sind beispielsweise Verteiler für Unterlagen.

Stufe C: Personenbezogene Daten, die das Ansehen gefährden können – Die Kenntnisnahme und der Missbrauch dieser Daten kann den Betroffenen in seiner gesellschaftlichen Stellung und/oder wirtschaftlichen Stellung beeinträchtigen. Dies sind beispielsweise Daten über das Einkommen, die Grundsteuer oder Ordnungswidrigkeiten.

Stufe D: Personenbezogene Daten, die die Existenz bedrohen können – Die Kenntnis oder der Missbrauch dieser Daten kann den Betroffenen in seiner gesellschaftlichen Stellung und/oder wirtschaftlichen Stellung derart beeinträchtigen, dass seine Existenz gefährdet wird. Dies sind Daten über Unterbringungen in Anstalten, Straffälligkeiten, dienstliche Beurteilungen, medizinische Untersuchungsergebnisse, Schulden oder Konkurse.

Stufe E: Personenbezogene Daten, die die Gesundheit, das Leben oder die Freiheit beeinträchtigen können - Die Kenntnis oder der Missbrauch dieser Daten kann das Leben, die Gesundheit oder die Freiheit des Betroffenen gefährden. Dies sind beispielsweise Informationen darüber, dass der Betroffene möglicherweise das Opfer einer Straftat werden könnte.

Im mobilen Kontext lassen sich nach FEDERRATH folgende zu schützende Daten ermitteln (vgl. Federrath 1999, S. 22):

- Inhaltsdaten

- Verbindungsdaten

- Daten zur Benutzer- und Geräteauthentifikation

- Abrechnungsdaten

2.4 Notwendigkeit einer technischen Implementierung

Der Schutz des Umgangs mit personenbezogenen Daten, also der Datenschutz, kann auf verschiedene Weisen realisiert werden. Man unterscheidet hierbei technische und organisatorische Maßnahmen. Unter organisatorischen Maßnahmen versteht man die Organisation der Beziehungen von Akteuren innerhalb des Systems, auf dem sich die zu schützenden Daten befinden, als auch Regelungen für den Umgang mit personenbezogenen Daten innerhalb des Systems durch die Akteure. Organisatorische Maßnahmen betreffen die Bereiche der Aufbau- und Ablauforganisation sowie personelle Aspekte. Als Beispiele können das ‚Vier-Augen-Prinzip', Zutritts-, Zugangs- und Zugriffskontrollen, Weitergabekontrollen und Verhaltensanweisungen genannt werden. Unter technischen Maßnahmen versteht man Techniken wie Kryptographie, Mix-Netzwerke, Identitätsmanagement- und Filtersysteme. Das Zusammenarbeiten beider Bereiche ist unabdingbar. Organisatorische Maßnahmen stellen so etwas wie einen umhüllenden Wall um die technischen Maßnahmen dar. Z. B. macht die Anwendung kryptographischer Techniken wenig Sinn, wenn jeder beliebige Zugriff auf die verwendeten Schlüssel hat. Diese dürfen nur einem ausgewählten Personenkreis zur Verfügung gestellt werden. Andererseits gibt es Umgebungen, die nicht technisch sind, in denen also gar keine technischen Schutzmaßnahmen implementiert werden können. In diesem Umfeld sind somit organisatorische Maßnahmen unabdingbar. Generell gilt jedoch, wenn die Wahl besteht zwischen einer technischen oder einer organisatorischen Variante, dass dann die technische vorgezogen werden soll. Begründen lässt sich dies dadurch, dass organisatorische Schutzmaßnahmen leichter umgangen werden bzw. nicht eingehalten werden können als fest in das System implementierte technische Maßnahmen (vgl. Münch 2005, S. 175 ff., Schlageter; Stucky 1983, S. 322 f. und Blarkom; Borking; Olk 2003, S. 36 und 49 f.).

3 Betrachtung ausgewählter PET im mobilen Kontext

3.1 Einleitung

Nachdem geklärt worden ist, was unter PET zu verstehen ist, was mit diesen Techniken geschützt werden soll und warum überhaupt ein Schutz notwendig ist sollen nun ausgewählten PETs im mobilen Kontext betrachtet werden. Dafür wird zunächst die Grundidee der einzelnen PET vorgestellt, um im Anschluss die Eignung für den Einsatz im mobilen Kontext zu beurteilen. Doch zuvor soll geklärt werden, was unter einem mobilen Kontext verstanden wird und welche Restriktionen sich daraus für den Einsatz von PETs in diesem ergeben können.

3.2 Mobiler Kontext

3.2.1 Definitorische Abgrenzung von mobiler Kommunikation

Mobilität bezeichnet in diesem Kontext die Möglichkeit eines Nutzers, Dienste eines Systems an unterschiedlichen Orten nutzen zu können. Der Nutzer kann also unabhängig von seinem Aufenthaltsort Dienste nutzen, verändert er seine Position, ist er also mobil, so folgen ihm die Dienste zu seiner neuen Position (vgl. Schiller 2003, S. 15)

Hierbei lassen zwei unterschiedliche Arten von Mobilität unterscheiden, die **Terminal Mobility** und die **Personal Mobility**.

Terminal Mobility bedeutet, dass ein Nutzer auf Dienste eines Kommunikationsnetzwerkes über eine drahtlose Schnittstelle zugreift. Das benutzte Endgerät ist ebenfalls mobil wie beispielsweise ein Mobiltelefon, ein PDA oder ein Laptop. Bei der **Personal Mobility** hingegen ist der Nutzer permanent unter einer persönlichen Identifikationsnummer erreichbar. Die angebotenen Dienste kann er von jeder Art Terminal benutzten, welches sich aktuell in seiner Umgebung befindet. Dafür muss er sich unter seiner persönlichen Identifikationsnummer auf dem jeweiligen Terminal einloggen. Das Terminal selbst muss allerdings nicht zwingend mobil sein (vgl. Federrath 1999, S.3). Innerhalb dieser Arbeit wird unter Mobilität die Terminal Mobility verstanden, also die Mobilität des Nutzers und des Endgerätes.

Unter Kommunikation versteht man den Austausch von äußeren und verabredeten Zeichen zwischen Menschen, mit dem Ziel der Beeinflussung. Die übertragenen Zeichen werden von jedem Empfänger individuell mit einer Bedeutung versehen. Die diesbezüglich auftretenden Kommunikationsprobleme werden hier aber ausgeblendet. Der in unserer Gesellschaft steigende Bedarf nach Kommunikation wird durch Kommunikationsnetze realisiert (vgl. Bundesministerium für Bildung und Forschung 2005, S. 1 f.; Bergmann, G. 2005, S.1).

Mobile Kommunikation umschreibt den drahtlosen Zugriff auf ein Kommunikationsnetzwerk und den Austausch von Daten mit diesem. Drahtlos bedeutet, dass für die Kommunikation keine Kabel aus Draht oder Glasfaser benutzt werden. In dieser Arbeit wird unter drahtloser Kommunikation der Austausch von Daten mittels Funk verstanden, da ein Großteil der drahtlosen Kommunikationstechniken auf dem Funksystem aufsetzten (vgl. Schiller 2003, S. 16).

3.2.2 Technische Determinanten

In der definitorischen Abgrenzung wurde deutlich, dass unter mobiler Kommunikation ein breites Feld von Endgeräten und Übertragungstechnologien angesprochen wird. Um PETs im Kontext mobiler Kommunikation zu betrachten, müssen daher die Restriktionen und Möglichkeiten dieser Techniken geklärt werden.

Mobile Endgeräte, die aufgrund der getroffenen Definition und ihrer hohen Penetration in Betracht gezogen werden, sind Mobiltelefone, PDAs und Laptops. Andere Geräte werden aufgrund ihrer Ähnlichkeiten zu diesen drei Geräteklassen unter die jeweilige subsumiert (vgl. Schiller 2003, S. 23 f.).

Mobiltelefone besitzen eine außerordentlich hohe Penetrationsrate in Deutschland. Im Jahre 2005 besaßen 95 von 100 Einwohnern ein Mobiltelefon. Bereits 2008 sollen nach Schätzungen auf 100 Einwohner 108 Mobiltelefone kommen. Diese Penetrationsrate entspricht dem Westeuropäischen Durchschnitt, liegt aber weit hinter beispielsweise Italien, wo im Jahr 2005 auf 100 Einwohner 118 Mobiltelefone kamen (vgl. BITKOM 2006, S: 9 f.). Ursprünglich sind Mobiltelefone für die reine Sprachkommunikation ausgelegt. Aufgrund dessen waren die Anforderungen bezüglich Darstellungsmöglichkeiten und Datenübertragung nur sehr gering ausgeprägt. Mittlerweile haben sich diese aber zu regelrechten Multifunktionsgeräten entwickelt und wurden bezüglich Datendiensten und Multimediafähigkeiten optimiert. Moderne Mobiltelefone besitzen mittlerweile farbige und hochauflösende Displays, vereinfachte Eingabefunktionen, bessere Akkulaufzeiten, höhere Speicherkapazitäten und Multimediafunktionen wie Digitalkameras, Mp3-Player, SMS, MMS, WAP, Email und JAVA-Programme (vgl. Eggers 2005, S. 88 f.). Es besteht auch die Möglichkeit mittels eines Browsers auf JAVA-Technologie (z. B. Opera Mobile) Seiten des Internets auf Mobiltelefonen darstellen zu lassen, allerdings wird dies durch die vergleichsweise geringen Übertragungsraten und kleineren Displays sehr erschwert (s. a. http://www.opera.com/products/mobile/).

Persönliche Digitale Assistenten (PDAs) sind ursprünglich dazu entwickelt worden, einen papierlosen Ersatz für Terminplaner und Timer darzustellen. Mittlerweile kann man sie als Microcomptuer bezeichnen, welche oftmals mit dem Betriebssystem Windows mobile ausgestattet sind. Dies bringt den Vorteil einer Vereinfachten Kommunikation und Synchronisation mit stationären PCs. PDAs sind im Vergleich zu Mobiltelefonen mit einem größeren und somit besser ablesbaren Display ausgestattet, welches berührungssensitiv ist. Die Dateneingabe erfolgt über das Display mittels eines Stiftes, wodurch vielfältigere Eingabemöglichkeiten ermöglicht werden als bei einem Mobiltelefon. Auch die Rechenleistung ist im Vergleich größer. PDAs weisen heutzutage neben den für Mobiltelefone üblichen Kommuniaktionsschnittstellen noch weitere wie beispielsweise WLAN auf. Im Bezug auf die Speicherkapazität stehen die Mobiltelefone PDAs in nichts nach. Allerdings können aufgrund des hohen Stromverbrauchs der Displays und der höheren Rechenleistungen PDAs nicht die Akkulaufzeiten wie Mobiltelefone realisieren (vgl. Eggers 2005, S. 92 f.).

Laptops weisen mittlerweile annähernd die Leistungsmerkmale wie stationäre PCs auf. Es handelt sich dabei um eine Kombination von dem PC als solchem, dem Bildschirm, einer Tastatur und einer Maus in einem Gerät, welches aufgrund seiner Größe für den mobilen Einsatz geeignet ist. Die Darstellungsmöglichkeiten, Rechenleistung, Speicherkapazität und Eingabemöglichkeiten entsprechen somit denen, die auch aktuelle PCs anbieten. Der Großteil der aktuell verkauften Laptops ist bereits mit der WLAN-Funktionalität ausgestattet. Es besteht auch die Möglichkeit, die Geräte durch so genannte PCMCIA-Karten zu erweitern und so Kommunikationstandards wie Infrarot, Bluetooth, GSM oder UMTS in das Gerät zu integrieren. Diese erweiterten Austattungsmerkmale gehen allerdings zu Lasten der Mobilität durch eine Vergrößerung des Gerätes und einer Verringerung der Akkulaufzeit im Vergleich zu Mobiltelefonen oder PDAs (vgl. Eggers 2005, S. 95 f.).

	Mobiltelefon	PDA	Laptop
Darstellungs-möglichkeiten	Gering (Farbdisplays, maximalen Auflösungen bis zu 240*320 Pixel, 2 Zoll)	Mittel (Farb-Touchscreens, maximale Auflösung bis zu 240*320 Pixel, 2,8 Zoll)	Sehr gut (Farbdisplays, maximale Auflösung bis zu 1440*900 Pixel, 17 Zoll)
Übertragungs-möglichkeiten	Gering bis gut (Abhängig von der verfügbaren und unterstützten Technologie, GSM, CSD, GPRS, UMTS, Bluetooth, Infrarot)	Gut bis sehr gut (Abhängig von der verfügbaren und unterstützten Technologie, GSM, CSD, GPRS, UMTS, Bluetooth, Infrarot, WLAN)	Sehr gut (Abhängig von der verfügbaren und unterstützten Technologie, GSM, CSD, GPRS, UMTS, Bluetooth, Infrarot, WLAN)
Mobilität	Sehr gut (durchschnittliche Größe bei H 10cm, B 5cm, T 2cm, Gewicht bei 100-150 g)	Gut (durchschnittliche Größe bei H 12cm, B 6cm, T 2,5 cm, Gewicht bei 150-200 g)	Schlecht (durchschnittliche Größe H 40cm, B 30cm, T 4cm, Gewicht bei 3-4 kg)
Speicher-kapazität	Mittel (durch externe Speicherkarten bis zu 2 GB)	Mittel (durch externe Speicherkarten bis zu 2 GB)	Sehr gut (bis zu 80 GB)
Bedienbarkeit	Schlecht (aufgrund einer reinen alphanummerischen Tasttatur mit Doppelbelegung)	Mittel (aufgrund des Touchscreens stehen verschiedene Eingabemöglichkeiten auf kleinem Raum zur Verfügung)	Sehr gut (vollständige Tastatur und Maus)
Akkuleistung	Sehr gut (durchschnittlich 7 Stunden in Benutzung und bis zu 350 Stunden Standby)	Gut (durschnittlich 5 Stunden in Benutzung und bis zu 200 Stunden Standby)	Schlecht (durschnittlich 2-3 Stunden in Benutzung)

Tabelle 1: Vergleich mobiler Geräte (Daten resultieren aus Vergleichen der technischen Spezifikationen aktueller Geräte).

Jedoch determiniert nicht nur die Art des mobilen Gerätes seinen Einsatz und den Einsatz von PETs, sondern auch die unterstützten und verfügbaren Datenübertragungstechnologien. Hierbei sollen die Technologien GSM, GPRS, UMTS, Bluetooth und WLAN näher betrachtet werden.

Der GSM (Global System for Mobile Communications) Standard stellt eine digitale Technik dar, welche für die Übermittlung von Sprache entwickelt wurde. Aufgrund dessen weist der GSM Standard gewisse Schwächen bei der Übermittlung von Daten auf. GSM ist ursprünglich auf das Frequenzband von 900 MHz (D1 und Vodafone) ausgerichtet worden, aber mittlerweile existieren im GSM-Standard auch die Frequenzbänder von 1800 MHz (z. B. Eplus und O^2) und 1900 MHz (z. B. USA). Das jeweilige Frequenzband wird in 124 Kanäle aufgeteilt, wobei jeder Kanal in acht Timeslots (Länge: 4,6 Millisekunden) weiter aufgeteilt wird. Dadurch können pro Funkzelle ungefähr 1000 Nutzer gleichzeitig telefonieren. Wird eine Verbindung zwischen dem mobilen Gerät und der Basisstation aufgebaut, wird sich auf einen Kanal und einen Timeslot geeinigt, über den die Kommunikation laufen soll. Die Einteilung in Timeslots stellt für eine flüssige Sprachkommunikation kein Problem dar, allerdings wird die maximale Datenübertragung auf 9,6 kbit/s beschränkt, was für den Zugriff auf Datendienste nur eine geringe Qualität erlaubt. Dieser angebotene Datendienst bei GSM wird CSD (Circuit Switched Data) genannt (vgl. Eggers 2005, S. 38; Gora; Röttger-Gerigk 2002, S. 430 f. und Schiller 2003, S. 129 f.).

GPRS (General Packet Radio System) stellt eine Erweiterung des GSM-Netzes dar, um höhere Datenübertragungsraten realisieren zu können. Dafür werden die zu übertragenden Daten in gleich große Datenpakete aufgeteilt, und mit der Empfänger- und der Absenderadresse versehen. Dabei ist es irrelevant, welcher der acht Timeslots für die Datenübertragung genutzt wird, im Gegensatz zu dem CSD-Verfahren. Rein theoretisch können alle acht Timeslots parallel genutzt werden und so eine Übertragungsrate von 115 kbit/s realisiert werden kann. Aufgrund der hohen Auslastung der GSM-Netze ist eine Nutzung von maximal 4 Kanälen durch die Netzbetreiber erlaubt, was einer maximalen Datenübertragungsgeschwindigkeit von 48 kbit/s entspricht. Nachteil des GPRS-Verfahren ist, dass den einzelnen Paketen keine Prioritäten zugeordnet werden, daher kann weder die Übertragung noch die Bandbreite sicher gewährleistet werden. Die Abrechnung des Datendienstes erfolgt bei GPRS nach Datengröße, im Gegensatz zu CSD, wo nach Zeit abgerechnet wird (vgl. Gora; Röttger-Gerigk 2002, S. 431 ff.).

UMTS (Universal Mobile Telecommunication System) stellt eine neue Generation von Mobilfunknetzen dar, welche auf anderen Frequenzen wie GSM arbeitet. Netzbetreiber müssen eine völlig neue UMTS-Infrastruktur aufbauen, um das Bundesgebiet abdecken zu können. Bei UMTS werden die Frequenzen nicht mehr in Kanäle und Timeslots aufgeteilt, wodurch Bandbreiten dynamisch genutzt werden können, weniger Interferenzen entstehen und die Zahl der gleichzeitigen Nutzer innerhalb einer Funkzelle nicht mehr durch Kanäle und Zeitslots begrenzt wird. UMTS erlaubt es im Gegensatz zu GPRS, den einzelnen Paketen Prioritäten zuzuordnen und erreicht reale Datenübertragungsgeschwindigkeiten von bis zu 240 kbit/s für mobile Teilnehmer und bis zu 1000 kbit/s für stationäre Teilnehmer (vgl. Gora; Röttger-Gerigk 2002, S. 433 f.).

Neben diesen flächendeckenden Mobilfunknetzen existieren auch Techniken, die eine geringe Reichweite offerieren und sich deshalb für den Austausch von Daten über kürzere Strecken anbieten. Als zwei Technologien für dieses Einsatzgebiet lassen sich Bluetooth und WLAN nennen (vgl. Gora; Röttger-Gerigk 2002, S. 435).

Bluetooth wurde entwickelt, um so genannte Piconetze aufzubauen, in denen sich maximal 8 Engeräte vernetzten und eines der Geräte die Rolle eines Masters übernimmt. Die Bluetooth-Technologie ist mittlerweilen in fast allen Mobiltelefonen und PDAs integriert. Der Vorteil dieser Technologie ist ihr geringer Stromverbrauch, da sie nur eine Reichweite von ca. 10 m abdeckt. Die Daten werden wie bei GPRS als Datenpakete versendet. Es sind maximale Datenübertragungsraten von bis zu 430 kbit/s im synchronen Modus und von bis zu 721/57 kbit/s im asynchronen Modus möglich (vgl. Gora; Röttger-Gerigk 2002, S. 435 f.).

WLAN stellt eine Technik dar, welche dazu entwickelt worden ist, kabelgebundene Computernetzwerke durch eine drahtlose Technologie zu erweitern. Dafür ist der Standard IEE 802.11 eingeführt worden. WLAN benutzt, genau wie Bluetooth ein lizenzfreies Frequenzband und kann Übertragungsraten von bis zu 54 Mbit/s realisieren. Die eigentliche Datenübertragungsrate ist allerdings von dem jeweiligen Unterstandard von 802.11 (b oder g) und der Signalstärke abhängig. WLAN kann einen Umkreis von bis zu 100 m abdecken, wobei diese größere Mobilität zu Lasten eine höheren Stromverbrauchs geht (vgl. Eggers 2005, S. 52 f. und Gora; Röttger-Gerigk 2002, S. 437 f.).

	Übertragungs-geschwindigkeit	Verfügbarkeit
GSM / CSD	9,6 kbit/s	Flächendeckend
GPRS	48 kbit/s	Flächendeckend
UMTS (mobil)	240 kbit/s	70% in Deutschland (Vodafone)
Bluetooth (asynchron)	721/57 kbit/s	Individuell aufbaubar
WLAN	11-54 Mbit/s	Existenz zahlreicher Hotspots und privater Access Points, nicht organisiert.

Tabelle 2: Übersicht der verschiedenen Übertragungstechniken (vgl. Gora; Röttger-Gerigk 2002, S. 428 ff. und zdnet.de 2006, Internetseite)

Es wird deutlich, dass bei der Evaluierung von PETs im mobilen Kontext neben den mobilen Endgeräten auch die Übertragungstechniken mit einbezogen werden müssen. So macht es einen deutlichen Unterschied, wenn eine Internetseite über WLAN mit dem PDA oder mit einem Laptop betrachtet wird. Für beide ist die Übertragungsgeschwindigkeit relativ hoch, jedoch die Darstellung differiert sehr stark.

3.3 PET

3.3.1 Nutzerkontrolle – Kommunikationsfunktionen zwischen Nutzer und Server

Kommunikationsfunktionen stellen keine PET im engeren Sinne dar, da es sich hierbei nicht um Techniken im engeren Sinne handeln. Jedoch werden diese Kommunikationsfunktionen zu den PET zugeordnet, da diese Transparenz für den Nutzer schaffen, wie ein Dienstanbieter mit seinen persönlichen Daten umgeht. Der Dienstanbieter hat die Pflicht für alle Nutzer, die sich über die Verwendung ihrer persönlichen Daten informiere wollen, Informationen darüber bereitzuhalten. Der Nutzer hat darüber hinaus auch das Recht, Auskunft über diese Tatbestände zu erlangen. Diese Kommunikationsfunktionen der Nutzerkontrolle unterteilt man in folgende Bereiche (vgl. Grimm 2003, S. 83 f.):

- Unterrichtung eines Nutzers

- Auskunft über Korrektur, Löschung und Widerruf

- Nutzungsbegehren und Einwilligung

- Anzeige der Weitervermittlung

Der Dienstanbieter ist dazu verpflichtet die **Unterrichtung eines Nutzers** durchzuführen, sobald dieser mit personenbezogenen Daten dieses Nutzers umgeht. Die Unterrichtung umfasst die Art, den Umfang, den Ort und den Zweck der Datenerhebung sowie die Verarbeitung und Nutzung der persönlichen Daten und eine Aufklärung des Nutzers über seine Widerrufsrechte. Idealerweise stellt der Dienstanbieter bei der Unterrichtung seine Authentizität mittels eines Signatursystems sicher, damit der Nutzer weiß, dass diese Unterrichtung auch wirklich von dem Dienstanbieter kommt, bei dem er den Dienst nutzt. Dies sollte im Sinne einer nutzerfreundlichen Kommunikation elektronisch erfolgen (vgl. Grimm 2003, S. 84 f.).

Darüber hinaus hat der Nutzer eines Dienstes auch das **Recht auf Auskunft** über die vorgehaltenen persönlichen Daten wie beispielsweise Pseudonyme und damit verknüpfte Daten. Er kann ebenfalls verlangen, dass die vorgehaltenen persönlichen Daten korrigiert oder gelöscht werden. Auch kann er seine Einwilligung über die Verwendung seiner persönlichen Daten widerrufen. Realisieren könnte der Dienstanbieter dieses Recht auf Auskunft durch ein Web-Formular. Nachdem der Nutzer sich authentifiziert hat, erhält er Einsicht in die persönlichen Daten, die über ihn gespeichert sind und erhält die Möglichkeit, auf elektronischem Weg diese zu verändern oder zu löschen. Ebenfalls sollte die Möglichkeit für den Nutzer bestehen, auf diesem Weg seine Einwilligung zu widerrufen (vgl. Grimm 2003, S. 85 f.). Die gesamte Datenübertragung sollte natürlich gegen den Eingriff durch Unbefugte mittels anderer PET, wie Kryptographie, geschützt werden.

Sobald ein Dienstanbieter personenbezogene Daten über den durch das Gesetzt legitimierten Umfang hinaus verwenden will, muss er an den Nutzer ein **Nutzungsbegehren** für diesen Tatbestand stellen, welches der Nutzer durch seine **Einwilligung** legitimieren kann. Der Nutzer ist allerdings nicht verpflichtet einzuwilligen, er braucht auch nicht gegen dieses Nutzungsbegehren zu widersprechen. Wenn der Nutzer keine Aussage zu dem Begehren des Dienstanbieters tätigt, erhält der Anbieter auch keine Einwilligung. Dieses Begehren kann ebenfalls über ein Webportal zum Ausdruck gebracht werden, bei dem ein Button existiert, durch den der Nutzer seine Einwilligung geben kann. Eine Kommunikation diesbezüglich via Email ist auch möglich (vgl. Grimm 2003, S. 86 f.).

Bei der Nutzung eines Dienstes kann es vorkommen, dass erweiterte Funktionalitäten durch andere Dienstanbieter erbracht werden. Der ursprüngliche Dienstanbieter ist verpflichtet, dem Nutzer eine solche **Weitervermittlung** anzuzeigen. In welcher Form dieses Anzeigen erfolgt, ist abhängig von den spezifischen Rahmenbedingungen. Vorstellbar ist die Anzeige der Weiterleitung von einer Veränderung der URL im Browser bis hin zu einer Zwischenschaltung einer eigenen Webseite mit der Information für den Nutzer, dass er jetzt die Dienste eines anderen Anbieters nutzt (vgl. Grimm 2003, S. 87 f.).

Die Anwendung solcher Nutzerkontrollen durch Kommunikationsfunktionen sind im mobilen Kontext sehr differenziert und in Abhängigkeit der verwendeten Endgeräte und Datenübertragungstechnologien zu betrachten. Erfolgt die Nutzung eines Laptops in Verbindung mit einer WLAN-Verbindung, stellt die Realisierung keinerlei Probleme dar, da diese Kombination von Endgerät und Datenübertragung den Eckdaten eines stationären Zugangs entspricht. Abhängig davon, welchen Umfang die Kommunikationsfunktionen umfassen, sieht die Situation bei der Nutzung einer weniger leistungsfähigen Datenübertragungstechnik und/oder der Verwendung eines Mobiltelefons oder PDAs anders aus. Wenn bei diesen Kommunikationsfunktionen relativ viele Daten übertragen werden und die Darstellungsformen recht detailliert sind, ist eine Anwendung bei geringen Datenübertragungsraten wenig komfortabel. Die Darstellung dieser Inhalte auf relativ kleinen Displays ist darüber hinaus auch sehr unübersichtlich. Die Anwendung solcher Kommunikationsfunktionen im mobilen Kontext unter den beschrieben Restriktionen sind daher nicht zu empfehlen. Um diese Funktionalität in den mobilen Kontext zu integrieren, wird vorgeschlagen, diese mittels eines stationären Zugangs durchzuführen. Dies bedeutet, bevor ein Nutzer den mobilen Datendienst nutzen kann, muss er sich über einen stationären Zugang für diesen Registrieren und wird dabei über die Verwendung seiner personenbezogenen Daten aufgeklärt. Darüber hinaus hat er jederzeit die Möglichkeit, Änderungen an seinen persönlichen Daten über diesen stationären Zugang vorzunehmen. Die Widerrufserklärung könnte er jedoch auch mobil in Form von einer SMS verfassen.

3.3.2 Tools für Verschlüsselung

Techniken zur Verschlüsselung oder auch Kryptographie genannt stellen für viele Datenschutzfreundliche Techniken ein grundlegendes Verfahren dar. Allgemein versteht man unter Kryptographie die Ver- und Entschlüsselung von Daten. Es werden also die Daten mittels bestimmter Verfahren für Unbeteiligte unleserlich gemacht, wodurch Daten in offenen Kommunikationsnetzen versendet werden können und trotzdem eine Privatsphäre beibehalten werden kann (vgl. Beutelspacher; Schwenk; Wolfenstetter 1999, S. 1 ff. und Raepple 1998, S. 103 ff.).

Darüber hinaus kann mittels Kryptographie verhindert werden, dass Unbefugte die versendeten Daten unbemerkt manipulieren oder sich als Absender oder Empfänger ausgeben können. Unbefugte können trotz kryptographischer Maßnahmen Daten abfangen, nur nichts damit anfangen (Schutz der Vertraulichkeit) und die Daten verändern, jedoch nicht unbemerkt (Schutz der Integrität) (vgl. Schmeh 1998, S. 13).

Die Grundidee bei Kryptographie ist es, Daten zu chiffrieren. Dabei kann jedes verwendete Zeichen durch ein anderes ersetzt werden. Moderne Verschlüsselungsalgorithmen verwendet Verfahren zum Ersetzen der Zeichen, die es selbst Supercomputern unmöglicht macht, diese in einer vertretbaren Zeit zu entschlüsseln. Zum Verschlüsseln, dem unleserlich machen und dem Entschlüsseln, dem wieder leserlich machen benötigt man so genannte Schlüssel. Der Besitzer der Schlüssel ist somit in der Lage, die Daten zu verschlüsseln bzw. wieder zu entschlüsseln (vgl. Otto 2003, S. 357 ff.).

Die verschiedenen Verschlüsselungsverfahren unterteilt man in symmetrische Verfahren, bei denen der gleiche Schlüssel zum Ver- und zum Entschlüsseln benutzt wird und asymmetrische Verfahren, bei denen unterschiedliche Schlüssel zum Ver- und Entschlüsseln benutzt werden (vgl. Otto 2003, S. 361).

Bei der Symmetrischen Verschlüsselung verschlüsselt der Absender der Daten diese mit einem symmetrischen Schlüssel und sendet die verschlüsselten Daten an den Empfänger. Dieser entschlüsselt die empfangenen Daten mit dem gleichen Schlüssel, den der Absender benutzt hat und erhält so die verwendbaren bzw. lesbaren Daten. Wichtig ist, dass der verwendete Schlüssel über einen vertrauenswürdigen und sicheren Kanal ausgetauscht wird, denn jeder, der den Schlüssel besitzt, ist in der Lage die Kommunikation zu lesen und die Daten unbemerkt abzuändern (vgl. Otto 2003, S. 362).

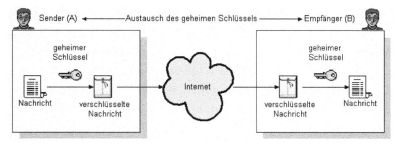

Abbildung 1: Symmetrische Verschlüsselung (Quelle: http://ddi.cs.uni-potsdam.de/Lehre/e-commerce/elBez2-5/page05.html)

Ein weiteres Problem der symmetrischen Verschlüsselung ist, dass pro Kommunikationspaar ein Schlüssel existieren muss, was sehr hohe Anforderungen an das Management von Schlüsseln stellt. Aufgrund dessen wurde ein weiteres Verfahren zur Verschlüsselung entwickelt, das Asymmetrische (vgl. Otto 2003, S. 362).

Bei der asymmetrischen Verschlüsselung werden zwei Schlüssel verwendet, einer zum Verschlüsseln (Öffentlicher Schlüssel) und einer zum Entschlüsseln (Privater Schlüssel). Jeder, der Daten verschlüsselt versenden möchte, benötigt den öffentlichen Schlüssel des Empfängers, mit diesem verschlüsselt er die Daten. Die verschlüsselten Daten kann dann nur der Empfänger mit seinem privaten Schlüssel entschlüsseln. Aus diesem Grund kann dieser einen öffentlichen Schlüssel auch allen Kommunikationspartnern verfügbar machen. Eine Übergabe über einen sicheren Kanal ist hierbei nicht notwendig. Öffentlicher und privater Schlüssel gehören fest zusammen und sind dem Besitzer des privaten Schlüssels fest zugeordnet (vgl. Otto 2003, S. 363 f.).

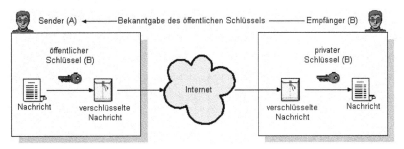

Abbildung 2: Asymmetrische Verschlüsselung (Quelle: http://ddi.cs.uni-potsdam.de/Lehre/e-commerce/elBez2-5/page06.html)

Durch dieses Vorgehen ist das Schlüsselmanagement deutlich vereinfacht worden, allerdings ist dieses Verfahren auch deutlich aufwendiger und rechenintensiver als die symmetrische Verschlüsselung. Daher wird in der Praxis häufig eine Kombination beider Verfahren, das so genannte hybride Verfahren, verwendet. Dabei werden die eigentlichen Daten symmetrisch verschlüsselt und der symmetrische Schlüssel wird dann mittels der asymmetrischen Verschlüsselung verschlüsselt (vgl. Otto 2003, S. 364 f.).

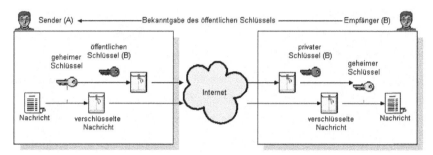

Abbildung 3: Hybride Verfahren (Quelle: http://ddi.cs.uni-potsdam.de/Lehre/ecommerce/elBez2-5/page0.html)

Wie bereits angesprochen, ermöglicht die Technik der Kryptographie neben der Geheimhaltung von Informationen gegenüber Unbefugten es auch die Authentizität der versendeten Daten und Personen (des Absenders) zu verifizieren. Die Authentizität der versendeten Daten, also dass die Daten während der Übermittlung nicht von Unbefugten verändert worden sind, wird durch die Anwendung von elektronischen Signaturen realisiert. Der Absender der Daten erstellt von den Daten eine Signatur und sendet diese mit den Daten zusammen an den Empfänger. Dafür wird ein Hashwert der Daten (Fingerabdruck der Daten) erstellt und mit dem privaten Schlüssel des Absenders verschlüsselt. Der Empfänger entschlüsselt die Signatur mit dem öffentlichen Schlüssel des Absenders und erhält den Hashwert der ursprünglichen Daten. Dann erstellt der Empfänger ebenfalls den Hashwert der empfangenen Daten. Sind beide Hashwerte identisch, so wurden die Daten während der Übermittlung nicht verändert (vgl. Grimm 2003, S. 91 ff.).

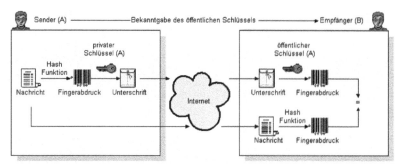

Abbildung 4: Signaturverfahren (Quelle: http://ddi.cs.uni-potsdam.de/Lehre/e-commerce/elBez2-5/page08.html)

Die Authentizität des Absenders muss ebenfalls gewährleistet werden, damit nicht ein Unbefugter einen öffentlichen Schlüssel in fremdem Namen in Umlauf bringt. Es wird also ein Mechanismus benötigt, der sicher die Verbindung zwischen Schlüssel und Nutzer festlegt. Diese Schaffung einer Verbindung nennt man Zertifizierung. Leider existiert in Deutschland und Europa kein einheitliches und etabliertes zentrales Verfahren dafür. Es hat sich allerdings ein so genanntes Web of Trust in Verbindung mit einer Softwarelösung PGP durchgesetzt. Dabei zertifizieren sich die Nutzer gegenseitig, in Abhängigkeit davon, wie sie einander vertrauen. Dadurch kann sichergestellt werden, dass ein Schlüssel auch wirklich der angegebenen Person gehört (vgl. Grimm 2003, S. 93 f.).

Techniken der Kryptographie werden im mobilen Kontext bereits auf verschiedenste Arten implementiert. In GSM-Netzen wird die Kommunikation zwischen Endgerät und Basisstation mittels des Algorithmus A5 verschlüsselt. Allerdings wird die Kommunikation ab der Basisstation nicht mehr verschlüsselt, auch besteht die Möglichkeit, die Verschlüsselung vollständig zu unterdrücken. UMTS bietet eine besser implementierte und stärkere Verschlüsselung als GSM. Für Einsatz des WLAN-Standards 802.11 existieren verschiedene Techniken zur Verschlüsselung des Funkverkehrs. Sehr weit verbreitet ist die Verschlüsselung nach WEP, allerdings bietet diese keinen ausreichenden Schutz der Privatsphäre. Daher wurde der Verschlüsselungsstandard WPA entwickelt, welcher mittlerweile in einer zweiten Version verbessert wurde. Daher empfiehlt sich bei WLAN der Einsatz von WPA2 in Verbindung mit einem so genannten Pre-Shared-Key (PSK) Passwort, welches zur Generierung eines Sitzungsschlüssels dient (vgl. BSI 2003a, S. 6; Federrath 1999, S. 54; umtsworld.com 2006, Internetseite und bsi-fuer-buerger.de 2006, Internetseite).

3.3.3 Tools für Anonymität und Pseudonymität

Zu Beginn dieses Gliederungspunktes sollen die Begriffe der Anonymität und Pseudonymität einzeln dargestellt werden, um anschließend jeweils auf einige Anwendungsmöglichkeiten zur Förderung des Datenschutzes und der Privatsphäre genauer eingehen zu können. Abschließend erfolgt eine kurze Überprüfung im Hinblick auf die Anwendbarkeit im mobilen Kontext.

Nach PFITZMANN; HANSEN wird unter **Anonymität** der Zustand verstanden, innerhalb einer Gruppe von Personen nicht identifizierbar zu sein, die sich ähnlich (gleich) verhält (vgl. Pfitzmann; Hansen 2005, S. 6). Bei der Anonymisierung findet eine Veränderung der personenbezogenen Daten statt. Die Einzelangaben über sachliche oder persönliche Verhältnisse sind danach einer bestimmten oder bestimmbaren natürlichen Person nicht mehr zuzuordnen (vgl. Schwark 2004, S. 27). Eine handelnde Person kann nicht mit ihren Handlungen in Verbindung gebracht werden und keine ihr eindeutig zurechenbaren Datenspuren hinterlassen (vgl. Roßnagel; Banzhaf; Grimm 2003, S. 97). Die Anonymisierungs-Tools ermöglichen in erster Linie, dass anhand von IP-Adressierungen nicht auf die Identität des Anwenders geschlossen werden kann. Dies wird durch ein Anonymitätsnetzwerk gewährleistet, welches die Nutzer vor anderen Teilnehmern anonymisiert. Als Beispiele zur Realisierung können Anonymisierungs-Proxies, Crowds oder das Mix-Konzept genannt werden (vgl. Cranor 2006, S. 1 und Wohlgemuth; Gerd tom Markotten; Jendricke; Müller 2003, S. 48). Aufgrund des beschränkten Umfangs der Arbeit wird das Mix-Konzept beispielhaft für die Realisierung von Anonymität eingehender betrachtet und Proxies sowie Crowds nur kurz definiert.

Das auf DAVID CHAUM zurückgehende Konzept der umkodierenden Mixe zur Anonymität und Unbeobachtbarkeit in Vermittlungsnetzen verbirgt die Kommunikationsbeziehung zwischen einem Sender und einem Empfänger einer Nachricht. Diese kann durch Knoten (sog. Mixe) realisiert werden und verhindert eine Verkettung von Nachrichten (vgl. Chaum 1981 und Wörndl 2003, S. 45 und Eckert 2006, S. 136). Das Konzept gilt auch heute noch als eines der wenigen Modelle zur Erreichung einer hohen Anonymitätsstufe. Die Anonymität hängt dabei nicht, wie bei vielen anderen Verfahren, nur von einem einzigen vertrauenswürdigen Dritten ab (vgl. Schwark 2004, S. 28 und Grimm 2004, S. 27 ff.). Ein Mix speichert genügend viele Nachrichten von verschiedenen Absendern, verändert die Reihenfolge und kodiert sie um, um Angreifern keine Möglichkeit zur Verkettung zu geben. Dies geschieht mit Hilfe asymmetrischer Verschlüsselung. Um Angriffsmöglichkeiten weiter entgegenzuwirken, findet eine Überprüfung der Nachrichten dahingehend statt, ob sie bereits gemixt wurden. Bei dem Prozess des Umkodierens (siehe Anhang 1) entschlüsselt jeder Mix die Nachricht mit seinem privaten Schlüssel eines asymetrischen Kryptosystems. Nach der Umkodierung wird sie weiterverschickt und nur der letzte Remailer in der Kaskade kann dann die eigentliche Zieladresse entschlüsseln. Die Verschlüsslung erfolgt somit mit dem öffentlichen Schlüssel des nachfolgenden Mixes, wobei nur dieser über den privaten Schlüssel zur Entschlüsselung verfügt. Die Mixe kennen jeweils nur ihren Vorgänger und Nachfolger. Nur der erste Mix kennt also den Absender und der letzte den Empfänger (vgl. Federrath; Pfitzmann 1998, S 2 ff.). Ein weiteres Verfahren zur Anonymisierung ist der Mixmaster. Dieser Remailer basiert auf dem beschriebenen Mix-Konzept. Mit beiden E-Mail Anonymisierungsdiensten kann auch eine Empfängeranonymität gewährleistet werden (vgl. Eckert 2006, S. 137 und Otto 2003, S.158 f.).

Im mobilen Kontext können Mobilkommunikationsmixe die Kommunikationsverbindung schützen, indem die Signalverbindung zwischen den Aufenthaltdatenbanken und dem aktuellen Aufenthaltsgebiet geschützt wird. Im einfachsten Fall ist der Mix dabei nur ein Programm. Um Sicherheit gewährleisten zu können muss dieser vollständig auf einer physisch sicheren Hardware implementiert werden. Bei mobilen Endgeräten besteht jedoch die Problematik, dass diese nicht leistungsfähig genug sind. Daher wäre eine Realisierung vielleicht auf einem Universalrechner des Netzbetreibers denkbar (vgl. Federrath 1999, S. 214 f.). Ein Problem bei mobiler Kommunikation könnte sich daraus ergeben, dass einzelne Verbindungen in den Mix-Stationen verzögert werden, was bei synchroner Kommunikation nicht zumutbar ist.

Bei Anonymisierungs-Proxys gibt der Benutzer in ein Web-Formular eine Web-Adresse ein, die dann vom Proxy abgerufen wird. Damit greift der Benutzer (nur) auf den Proxy, statt direkt auf den Dienst zu und kann somit „Datenspuren" (z. B. seine IP-Adresse in den Log-Dateien des Web-Servers) vermeiden (vgl. Wörndl 2001, S. 43).

Crowds verdecken Web-Anfragen einzelner Benutzer in einer Menge von Crowds-Benutzern. Eine Web-Anfrage wird nicht an den betreffenden Web-Server direkt, sondern an einen zufällig ausgewählten anderen Crowds-Benutzer – bzw. dessen Crowds-Client, gesendet. Die Anfrage durchläuft zunächst mehrere Crowds anderer Teilnehmer. Ein Diensteanbieter kann so Anfragen keinem bestimmten Benutzer zuordnen (vgl. Wörndl 2001, S. 44).

Unter einem **Pseudonym** versteht man einen stellvertretenden Namen einer Person. Beispiele sind u. a. die Telefonnummer oder Kundennummer (vgl. Roßnagel; Banzhaf; Grimm 2003, S. 96 f.). Eine Einteilung der Pseudonyme lässt sich zum einen nach ihrem initialen Personenbezug (vgl. Pfitzmann; Borcea-Pfitzmann 2005, S. 87 ff.) und zum anderen nach ihrem Verwendungszusammenhang vornehmen (vgl. Köpsell; Pfitzmann 2003, S. 18). In der einschlägigen Literatur werden weitere Arten erläutert und Einteilungen vorgenommen, auf die hier nicht weiter eingegangen werden kann.

Die Klassifizierung nach dem initialen Personenbezug lässt sich in die Pseudonymklassen öffentliches, initial nicht-öffentliches und initial unverkettbares Pseudonym unterscheiden. Der Personenbezug kann sich dabei in zunehmende Richtung verändern. Die nachstehende Tabelle soll einen kurzen Überblick ermöglichen:

Pseudonymklasse	**Beispiel**
Öffentliches Pseudonym: Bezug zwischen Pseudonym und seinem Inhaber ist von Beginn an öffentlich bekannt.	- Telefonnummer mit Inhaber - Wohnanschrift etc. im Telefonbuch gelistet
Initial nicht öffentliches Pseudonym: Bezug zwischen Pseudonym und seinem Inhaber ist zu Beginn zwar manchen (Identitätstreuhänder), aber nicht allen bekannt.	- Kontonummer oder Kreditkartennummer mit Bank als Identitätstreuhänder
Initial unverkettbares Pseudonym: Bezug zwischen Pseudonym und seinem Inhaber ist zu Beginn nur dem Inhaber bekannt.	- Biometrische Merkmale - DNA (solange keinerlei Register)

Tabelle 3: Pseudonyme, klassifiziert nach ihrem initialen Personenbezug (Quelle: Pfitzmann; Borcea-Pfitzmann 2005, S.88)

Eine weitere Möglichkeit der Klassifizierung der Pseudonyme ist die nach ihrem Verwendungszusammenhang. Dieser zufolge können Personen-, Rollen-, Beziehungs-, Rollenbeziehungs- sowie Transaktionspseudonyme unterschieden werden. Bei einem Personenpseudonym verwendet eine Person über einen längeren Zeitraum und in vielen Kommunikationsbeziehungen mit unterschiedlichen Kommunikationspartnern das gleiche Pseudonym (vgl. Berthold; Federrath 2000, S. 2 ff.). Unter einem Rollenpseudonym versteht man, einen gewählten Namen, der immer dann in einer Kommunikation mit der Umwelt verwendet wird, wenn er sich auf die zugehörige Rolle bezieht, in der sich der Verwender gerade befindet. Beziehungspseudonyme werden solange angewandt, wie ein Individuum mit demselben Kommunikationspartner kommuniziert. Dies ist unabhängig von der Rolle, die das Individuum in der jeweiligen Situation innehat. Man verwendet also dasselbe Pseudonym, egal ob geschäftlicher oder privater Kontakt besteht. Bei Rollenbeziehungspseudonymen dagegen, wird je nach Kommunikationspartner und Rolle ein anderes Pseudonym verwendet (vgl. Pfitzmann; Steinbrecher 2003, S. 297). Wenn eine Person entscheidet, für jede Transaktion jeweils ein neues Pseudonym einzusetzen, handelt es sich um ein Transaktionspseudonym. Dieses wird nach Beendigung der Transaktion von dem Teilnehmer nicht wieder verwendet. Ziel der Pseudonyme ist es, dass ein Subjekt mehrere Aktionen ausführen kann, ohne dabei seine Identität aufzudecken. Im Gegensatz zur Anonymität möchte die Person allerdings in den meisten Fällen wieder erkannt werden. Eine Ausnahme stellt das Transaktionspseudonym dar (vgl. Berthold; Federrath 2000, S. 2 ff.).

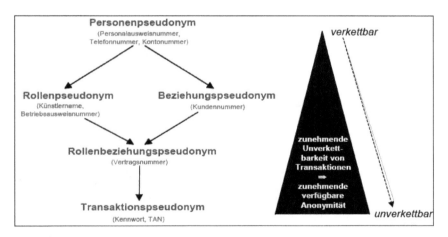

Abbildung 5: Pseudonyme und ihr Verwendungszusammenhang (als Halbordnung) (Quelle: Pfitzmann; Borcea-Pfitzmann 2005, S. 89).

Im Gegensatz zur Anonymisierung kann der Einsatz von Pseudonymen also Datenspuren erzeugen, was unter anderem aus der Verkettbarkeitseigenschaft resultiert. *Verkettbarkeit bzw. Unverkettbarkeit beschreibt, in wieweit ein Angreifer durch seine Beobachtungen Rückschlüsse darüber ziehen kann, dass zwei Ereignisse bezüglich eines bestimmten Merkmals übereinstimmen. Dabei könnte den Angreifer z. B. interessieren, ob eine Nach-*

richt von einem bestimmten Sender stammt oder ob zwei Nachrichten vom selben Sender stammen (Köpsell; Pfitzmann 2003, S. 17). Personenpseudonyme weisen die höchste Verkettbarkeit von Aktionen auf. Transaktionspseudonyme die geringste. Die Anonymität steigt also bei abnehmender Verkettbarkeit. Durch die Anwendbarkeit desselben Pseudonyms von mehreren Personen sowie der Verwendung mehrerer Pseudonyme durch eine Person können die Datenspuren Lücken aufweisen, und eine genaue Verfolgung ist nicht gewährleistet (vgl. Berthold; Federrath 2000, S. 2 ff.). Um einen effizienten Umgang mit Pseudonymen zu ermöglichen ist eine Infrastruktur von miteinander verträglichen Diensten und Verfahren unerlässlich. Dies erfordert ein komplexes Management von Identitäten.

Besondere Berücksichtigung gilt daher im Folgenden dem **Identitätsmanagement**, das sich unter anderem mit der Frage beschäftigt, wer welche Zugriffsrechte besitzt und wie diese Zugriffsrechte verwaltet werden, also mit der Verwaltung, Authentifizierung und der Rechtevergabe für digitale Benutzer. Darüber hinaus findet das IM Anwendung in folgenden Bereichen (vgl. Hansen; Krasemann; Rost; Genghini 2003, S. 552):

- Komfortables Verwalten bereits vorhandener Identitäten, Accounts, Passwörter

- Rollenmanagement, insbesondere die Trennung von Berufs- und Privatleben und deren jeweils internen Differenzierungen;

- Erreichbarkeitsmanagement;

- Recht auf informationelle Selbstbestimmung: Balance zwischen Anonymität, Authentizität und Zurechenbarkeit

Die vielfältigen Einsatzmöglichkeiten tragen dazu bei, dass das IM in der Praxis der datenschutzfördernden Maßnahmen zunehmend an Bedeutung gewinnt. BERTHOLD; FEDERRATH weisen besonders auf die enge Verflechtung des IM mit Anonymität und Pseudonymität hin. Danach bilden Anonymität und Identität die Pole eines Pseudonymitätsfeldes (vgl. Berthold; Federrath 2000, S. 14). Die Identität soll hier als eineindeutiges digitales Synonym für einen Nutzer oder ein beliebiges Objekt angesehen werden, dass beispielsweise durch einen Namen, eine E-Mail Adresse o. ä. definiert wird (vgl. Wiehler 2004, S. 171). Sie erfasst alle Informationen, die mit einer Person in Zusammenhang stehen. Dabei repräsentieren die sog. Teilidentitäten das Individuum in seinem jeweiligen Kontext. Dem Identitätsmanagement sollte grundsätzlich eine relativ hohe Anonymitätsmenge zugrunde liegen, damit die personenbezogenen Daten außerhalb des IM den Datenschutz nicht gefährden (vgl. Köhntopp; Pitzmann 2001, S. 229). Identitätsmanager helfen bei der Realisierung dieses Ziels. Sie sind Programme zur Verwaltung von Online-Identitäten, die den Anwender dabei unterstützen, personenbezogene Daten einem bestimmten Kommunikationspartner zuzuweisen. (vgl. Cranor 2006, S. 3 und Hansen; Krasemann; Rost; Genghini 2003, S. 553). An dieser Stelle ist es wichtig zwischen client- und serverbasiertem IM zu unterscheiden, da bei erstgenanntem alle Daten unter Kontrolle des Nutzers belassen werden. Der Benutzer legt somit situationsabhängig aktiv fest, welche personenbezogenen Informationen sein Kommunikationspartner erhält. In dem Endgerät des Nutzers (bevorzugt in seinem persönlichen) erfolgt eine Protokollierung, wann welche Herausgabe eingetreten ist. Bei dem serverbasierten IM übergibt der Nutzer seine Daten einer fremden Instanz, welche die Verwendung der Daten überwacht. Bekannte serverbasierte IM Systeme sind z. B. Microsoft net Passport oder der Liberty Alliance Ansatz. Microsoft net Passport beinhaltet jedoch kaum Datenschutzaspekte und beschäftigt sich „nur" mit Datensicherheitsdienstleistungen. Bei dem Liberty Alliance Ansatz können User mittels rollenbasierten Pseudonymen auftreten. Durch die Single-Sign-On Funktion solcher Systeme wird dem Nutzer die Möglichkeit eröffnet, sich nur bei einem Server zu authentifizieren. Die Authentifizierung kann so auf alle anderen Server übertragen werden. Darin besteht allerdings auch eine Gefahr für die Privatsphäre der Nutzer (vgl. Pfitzmann; Steinbrecher 2003 S. 294 f.). Aktuelle Projekte wie „PRIME – Privacy and Identity Management for Europe" oder „FIDIS – Future of Identity in the Information Society" die sich mit IM beschäftigen, stellen aus diesem Grund die nutzerbestimmte Verwaltung von digitalen Teilidentitäten in den Vordergrund, um so datenschutzkonforme Möglichkeiten zu eröffnen, die das Recht auf informationelle Selbstbestimmung berücksichtigen. Weiter soll mittels neuer Forschungsansätze im IM eine maximale Datensparsamkeit durch die Vermeidung personenbezogener Daten sowie eine Transparenz dieser erreicht werden. (vgl. Hansen; Borcea-Pfitzmann; Pitzmann 2005, S. 352 und Krasemann 2006, S. 211). PRIME legt beispielsweise im Bereich der Pseudonymisierung nicht nur einen Schwerpunkt auf die Gestaltung von Benutzeroberflächen, sondern erforscht auch Möglichkeiten zur Berechnung und Modellierung digitaler Teilidentitäten über mehrere Transaktionen eines Nutzers. Damit soll gewährleistet werden, dass eine den Datenschutz schwächende Identifizierung von Kontexten und deren Konsequenzen möglichst gering gehalten wird. Bei kontextübergreifenden Pseudonymen wie dem bereits erläuterten Personenpseudonym, welches die Verkettbarkeit fördert, sollen nahtlose Kontextübergänge vermieden werden (vgl. Wilikens 2005 S. 24 und PRIME 2006, S. 1 ff.).

In Bezug auf das Identitätsmanagement im mobilen Kontext beschäftigen sich ROYER; RANNENBERG in dem FIDIS-Projekt, am Beispiel eines Anwendungsszenarios aus dem Bereich Leben und Arbeiten, mit der Beziehung zwischen Mobilität und Identität. Die Verwaltung verschiedener Identitäten durch einen Nutzer in unterschiedlichen Kontexten spielt auch unter Einbezug der Mobilität eine entscheidende Rolle. Durch eine ganzheitliche Betrachtung, die sowohl soziokulturelle und technologische als auch rechtliche Perspektiven berücksichtigt, soll der Erfolg einer zukünftig dauerhaften Implementierung mobiler Identitätsmanagementsysteme sichergestellt werden. Wichtige Erfolgsfaktoren sind Prinzipen der Lokalität, der Wechselseitigkeit und des Verstehens. Technische Herausforderungen ergeben sich hier durch einen ständig fortschreitenden Einsatz mobiler Endgeräte, welche vor allem die Benutzbarkeit mobiler Sicherheitsmechanismen, die Möglichkeit des Schutzes der Geräte gegenüber unberechtigten Personen, wie auch die gezielte Steuerung der Weitergabe von Identitätsmerkmalen gewährleisten sollten. Ansätze diese Herausforderungen zu meistern bestehen z. B. bei der Sicherstellung einer einfachen Handhabung von Sicherheitsmechanismen in der Nutzung eines iManagers, der partielle Identitäten auf mobilen Endgeräten verwaltet. Bei dem Schutz der Geräte und Daten stellen insbesondere neue Dienste wie LBS (Location Based Services) hohe Anforderungen an ein mobiles IM. Nutzer müssen hier in der Lage sein die Weitergabe ihrer persönlichen Daten und Attribute gezielt steuern zu können (vgl. Royer; Rannenberg 2006, S. 571 ff.). In diesem Bereich der Identifikation und Authentifikation hat PRIME die Vorreiterrolle für einen Prototyp bei der Nutzung von Location Based Services übernommen, den sog. Pharmacy Finder (vgl. Fritsch; Zibuschka 2006, S. 2 ff.). Aufgrund des Umfanges der Arbeit kann hier leider keine genaue Betrachtung erfolgen.

Abschließend soll festgehalten werden, dass sich PETs im Rahmen eines komplexen Identitätsmanagements noch in der Entwicklung befinden. Nutzer gehen zwar in manchen Bereichen des IM wie z. B. bei der Pseudonymisierung durch E-Mail Adressen schon selbstverständlich mit diesen um, aber bei einer kommerziellen Einführung bestehen immer noch Barrieren, beispielsweise aufgrund des Wunsches der kommerziellen Anbieter nach Identifizierung ihrer Kunden (vgl. Roßnagel; Banzhaf; Grimm 2003, S. 99). Besonders im mobilen Kontext besteht noch die Notwendigkeit bestimmte Einsatzmöglichkeiten genauer zu erforschen. Angesprochene Projekte wie PRIME oder FIDIS geben Anlass in den nächsten Jahren mit der Anwendbarkeit verschiedener Verfahren rechnen zu können.

3.3.4 Filter-Tools

Unter Filter Tools versteht man Mechanismen, welche den erwünschten Datenverkehr vom unerwünschten separieren. Was mit dem unerwünschten Daten passiert, ist abhängig von dem jeweilig verwendeten Tool. Dabei unterscheidet man vier Ebenen, auf denen unerwünschter Datenverkehr verhindert werden kann (vgl. Grimm 2003, S. 108 f).

(a) Netzfilter – finden auf der untersten Kommunikationsebene ihre Anwendung, wie z. B. bei der Anwendung des IP-Protokolls. Als gängige Anwendung lassen sich hier Firewalls nennen, die bestimmte IP-Pakete aussortieren.

(b) Web-Filter – werden auf der Ebene von Web-Protokollen angewendet. Es können typische Webprotokoll-Elemente wie Cookies unterbunden werden.

(c) Mail-Filter – setzen bei Mail-Protokollen an und filtern ungewünschte Nachrichten aus. Als Beispiel können hier die weit verbreiteten Spam-Filter genannt werden.

(d) Anwendungsfilter – werden den jeweiligen Anwendungen zugeordnet und filtern bestimmte unerwünschte Inhalte aus.

Zu beachten ist, dass nicht alle Filter-Tools in einem direkten Zusammenhang zum Schutz von personenbezogenen Daten stehen. Die Filterung von unerwünschten Nachrichten und das Blockieren von unerwünschten Web-Inhalten stellen eher die Folge eines Einbruchs in die Privatsphäre dar als ein Instrument der Verhinderung dieses. Techniken, die aufgrund der Filterung von Webinhalten die unerwünschte Beschaffung von personenbezogenen Daten verhindern, existieren bisher noch nicht. Daher werden wird innerhalb dieses Kapitels Netz- und Web-Filter unter dem Aspekt des Datenschutzes betrachtet (vgl. Grimm 2003, S. 109 ff).

Netzfilter sind Einrichtungen, die entscheiden, welche Datenpakete aus offenen Netzen wie das Internet in geschlossene Netze wie Firmennetze, Intranets oder einzelne PCs durchgestellt werden dürfen. Netzfilter treten häufig in der Form von Firewalls auf, welche zwischen diesen Zwei Netzten platziert werden. Es existieren sowohl Hardware- als auch Software-Lösungen. Firmen benutzen häufig einen vollständigen PC, welcher als Firewall fungiert. Für Heimanwender empfehlen sich Software-Lösungen oder in Router integrierte

Firewalls. Zum Schutz der Privatsphäre kontrolliert die Firewall eingehende Datenpakete und überprüft diese auf einen gefährdenden Ursprung. So soll verhindert werden, dass Hacker-Software wie Viren, Trojanische Pferde oder ähnliches sich auf den PC einschleusen, welche möglicherweise (personenbezogene) Daten an den Angreifer übermitteln. Leider werden bei Firewalls häufig nicht die ausgehenden Datenpakete in dem Maß überwacht, wie eingehende. Die Entscheidung ob ein Datenpaket auf den PC oder in das geschlossene Netz gelangen darf, wird nach einer eingehenden Analyse der Firewall auf Grundlage von vorher definierten Regeln getroffen. Dabei gibt es die Möglichkeit, dass der Benutzer neben vordefinierten Standard-Regelsätzen auch eigene definiert, dies erfordert allerdings einiges an Fachwissen (vgl. Grimm 2003, S. 109; Robens 2000, S. 344; Näf; Streule; Hartmann 2000, S. 127 ff).

Die Implementation von Firewalls im mobilen Kontext ist sicherlich nicht ganz unkompliziert. Da der Nutzer des Funknetzes in der Regeln nicht der Betreiber dieses ist, kann der Nutzer keine Hardware-Firewall installieren. Dies sollte allerdings durch den Netzbetreiber geschehen. Die Installation von Software-Firewalls muss durch den Nutzer erfolgen, auf Laptops ist dies sicherlich problemlos möglich, jedoch wird bezweifelt, dass bei Mobiltelefonen und PDAs die Rechenleistung und Speicherkapazität für diese Art von Anwendung ausreichend ist.

Im Bereich der Webfilter ist besonders die Anwendung von Cookies interessant. Cookies wurden entwickelt, damit Dienstanbieter Nutzer wieder kennen können, wenn diese einen Dienst wiederholt nutzen. Dabei erfolgt die Identifizierung des Nutzers nicht durch Eingaben, die dieser tätigt, sondern auf Grundlage der Cookies. Die Cookies werden durch den Dienstanbieter erstellt und werden auf dem PC bzw. Endgerät des Nutzers abgespeichert. Man kann sich einen Cookie wie eine virtuelle Kundenkarte vorstellen, in der sämtliche Informationen abgespeichert sind, die der Nutzer durch die Nutzung der Dienste hinterlassen hat, beispielsweise Name, besuchte Seiten, verwendete Suchbegriffe, gekaufte Produkte und weitere. Diese Abspeicherung stellt natürlich einen Eingriff in die Privatsphäre des Nutzers dar, da dieser nicht selbstständig entscheiden kann welche Daten von ihm in einem solchen Cookie abgespeichert werden. Aber selbst wenn in diesem Cookie keine ausführlichen Informationen abgespeichert werden, weiß der Nutzer nicht, welche Informationen der Dienstanbieter in der Nutzerakte aufgrund der Wiedererkennung abgespeichert hat. Es kann auch der Cookie durch den Dienstanbieter an Werbetreibende weitergegebene werden, welche dann über ein beschränktes Nutzerprofil verfügen und dieses für Werbemaßnahmen einsetzen können. Für den Nutzer besteht die Möglichkeit, in seinem Browser die Verwendung von Cookies zu unterbinden, allerdings erfordern manche Dienste die Anwendung von Cookies. Daher existiert eine andere Möglichkeit zum Schutz der Privatsphäre durch die Benutzung der Software CookieCooker. Diese ermöglicht dem Nutzer die Verwendung von Diensten die Cookies benötigen und den daraus resultierenden Nutzervorteilen und gleichzeitig wird die Datensammlung für ein Nutzerprofil deutlich erschwert. Dies wird durch einen Tausch der Cookies unter verschiedenen Nutzern des gleichen Dienstes realisiert. Somit sind die Nutzerdaten innerhalb eines Cookies durch mehrere Benutzer mit verschiedenen Verhaltensweisen, Interessenlagen und ähnlichem entstanden. Es treten somit eine Vielzahl von Nutzern gegenüber dem Dienst als ein Nutzer auf. Dies erschwert dem Dienstanbieter die Erstellung eines in sich konsistenten Nutzerprofils (vgl. Berthold; Federrath 2003, S. 299, Grimm 2003, S. 109 f).

Die Implementation des CookieCookers auf Laptops ist relativ problemslos möglich. Sofern eine dementsprechend abgestimmte Software-Version des CookieCookers für PDAs verfügbar ist, wäre eine Implementation sicherlich auch in der Umgebung von Windows mobile möglich. Bei der Anwendung dieser Art von Software auf Mobiltelefonen ist es fraglich, ob eine Zusammenarbeit des propäritären Browsers mit einer Softwareversion für Mobiltelefone reibungslos von statten laufen würde und ob das Mobiltelefon die notwendigen Ressourcen dafür bereitstellen könnte. Die Übertragungstechniken stellen hierbei keine gesonderten Restriktionen dar, da das Datenvolumen durch die Verwendung eines CookieCookers nicht eklatant erhöht wird.

3.3.5 Policy-Tools

Unter Policies versteht man eine Zusammenfassung von verschiedenen Maßnahmen zum Datenschutz innerhalb eines Kataloges. Policies stellen keine PETs im engeren Sinne dar, weil es keine Techniken sind, sondern vielmehr Absichtserklärungen über den Einsatz dieser und den Umgang mit personenbezogenen Daten. Der Sinn solcher Policies ist die Schaffung einer Transparenz für die Nutzer darüber, wie mit ihren personenbezogenen Daten umgegangen wird. Neben diesen Policies exitieren auch so genannte Preferences welche durch Nutzer erstellt worden sind und ihre Anforderungen bezüglich des Umgangs mit ihren personenbezogenen Daten beschreiben. Dieses Vorgehen kann zum einem die Selbstregulierung des Datenschutzes unterstützen als auch die Durchsetzung von Gesetzen verbessern. Zur Unterstützung und Organisation von Policies und Preferences existieren

Tools wie Siegel-Programme und das sehr bekannte P3P (Platform for Privacy Preferences) (vgl. Grimm 2003, S. 104).

Unter Siegeln versteht man die Überprüfung der Dienste durch Dritte bezüglich des Umgangs mit personenbezogenen Daten. Entscheidet sich ein Anbieter zu der freiwilligen Datenschutz-Policy kann er sich an eine Institution wenden, welche ihm für seine Policy ein Siegel ausstellt oder auch nicht. Diese Siegel kann der Betreiber innerhalb seines Dienstes platzieren. Durch anklicken des Siegels kann der Nutzer sich über die Datenschutzpolicy des Dienstanbieters informieren und selbst entscheiden, ob er weiterhin die auf die Dienste zugreifen möchte oder nicht (vgl. Grimm 2003, S. 105).

Dieses Vorgehen ist für den Nutzer allerdings nicht sonderlich komfortabel, da dieser bei der Nutzung eines für ihn neuen Dienstes jedes Mal seine Preferences mit den Datenschutzpraktiken des Anbieters abgleichen muss. Deutlich einfacher soll dies mittels des Standards P3P erfolgen. Auch bei P3P formulieren Nutzer ihre Prefernces und der Dienstanbieter seine Policies. Der Dienstanbieter stellt diese Policies dem Nutzer bereit und macht somit seine Datenschutzvorkehrungen für den Nutzer Transparent. Der Nutzer kann den Policies des Anbieters zustimmen oder dise ablehnen in einem so genannten Notice and Choice-Prozess. Für den P3P Standard wurde eine eigene Programmiersprache (APPLE) entwickelt, mit der die Preferences formuliert werden können. Eine Nutzerkomponente von P3P könnte in den Browser integriert werden und nach den Policies des Anbieters suchen und diese mit den Preferences des Nutzers vergleichen und diesen auf Unstimmigkeiten aufmerksam machen. Durch dieses Vorgehen müsste ein Nutzer nicht die vollständigen Policies des Anbieters lesen, sondern würde auf abweichende Punkte aufmerksam gemacht (vgl. Grimm 2003, S. 105 ff.).

Die Anwendung von Datenschutz-Policies ist im mobilen Umfeld sicherlich durchaus relativ problemlos möglich. Es handelt sich hierbei um eine textuale Darstellung, welche im die bei jeder verfügbaren Datenübertragungsgeschwindigkeit möglich sein sollte. Im Anwendungsbereich von Laptops ist auch bezüglich der Darstellung und Implementation einer Nutzerkomponente von P3P problemlos möglich. Im Bereich der Nutzung von Mobiltelefonen und PDAs sieht dies allerdings anders aus, weder die Darstellungsmöglichkeiten reichen auf diesen Geräteklassen für das Lesen der Policies aus noch deren Rechenleistungen und Speichermöglichkeiten für die Implementation einer Nutzerkomponente von P3P. Bei der Benutzung von Siegeln könnte der Netzbetreiber den Nutzer durch eine Textnachricht darüber informieren, dass dieser gerade einen Dienst mit einem durch ihn überprüften Siegel benutzt. Bei der Anwendung von P3P sollte der Netzbetreiber die dem Nutzer die Möglichkeit geben, seine Preferences mittels eines stationär genutzen Zugangs festzulegen. Wird nun ein Dienst genutzt, sollten durch den Netzanbieter diese Preferences und die Policies des Dienstanbieters verglichen werden und der Nutzer auf seinem mobilen Gerät über Abweichungen informiert werden.

3.3.6 System- und Selbstdatenschutz

Im bisherigen Verlauf der Arbeit wurden ausgewählte Tools als Implementierungsmöglichkeiten der Privacy Enhancing Technologies vorgestellt und in Bezug auf ihre Einsatzmöglichkeit im mobilen Kontext untersucht. Wird der Fokus der Betrachtung auf die Verwendung der Begrifflichkeiten des Teledienstdatenschutzgesetzes gelegt, erscheint eine kurze Darstellung der Funktionsbereiche des Systemdatenschutzes sowie des Selbstdatenschutzes sinnvoll und notwendig, da diese durch das Teledienstdatenschutzgesetz (TDDSG) und den Mediendienstestaatsvertrag (MDStV) erstmals in das deutsche Datenschutzrecht eingeführt wurden (vgl. Kramer; Herrmann, 2005, S. 91 ff. und Roßnagel; Banzhaf; Grimm 2003, S. 190 ff.). Vorab soll festgehalten werden, dass die Begriffe weder technisch, noch organisatorisch scharf zu trennen sind, weshalb im Folgenden versucht wird, die unterschiedlichen Tendenzen der Begriffe getrennt voneinander herauszustellen .

Der **Systemdatenschutz** ist eine auf PODLECH zurückgehende Konzeption, welche diejenigen Datenschutzmaßnahmen umfasst, die in technischen Systemen und ihrer Organisation integriert sind (vgl. Dix 2003, S. 363 ff. und Podlech 1982, S. 451). Genauer gesagt können unter dem Begriff technische und organisatorische Vorkehrungen verstanden werden, die für den Schutz des Rechts auf informationelle Selbstbestimmung förderlich sind und somit nicht nur technische Maßnahmen wie z. B. Firewalls oder Verschlüsselung einsetzen, sondern auch organisatorische Regelungen umfassen. Mit Hilfe der Maßnahmen und Regelungen soll versucht werden, den Herausforderungen durch dynamische Technikentwicklung, allgegenwärtiger Datenverarbeitung, für den Einzelnen unübersichtliche Strukturen, unbemerkte Datenerhebungen und undurchschaubare Verarbeitungsformen zu begegnen (vgl. Roßnagel; Pfitzmann; Garstka 2001, S. 39 ff.).

Zentrale Aufgaben und Ansätze des Systemdatenschutzes sind beispielsweise:

* Frühzeitige Anonymisierung oder Pseudonymisierung

* Datensparsamkeit und Datenvermeidung (d. h. „...*das Anfallen personenbezogener Daten zu minimieren, die Verwendungsmöglichkeiten einzuschränken und die Zweckbindung zu garantieren"*) (Köhntopp; Pfitzmann 2001, S. 228).

* Schaffung von Transparenz

* Datenschutzaudits und Datenschutz-Gütesiegel

* Datenschutzkontrolle durch Aufsichtsbehörden

* Angebote von sicheren elektronischen Nutzerkontrollfunktionen.

Wichtig ist hier die Betrachtung aus Sicht des Nutzers, da einige der Aufgaben und Ansätze nur umgesetzt werden können, wenn der Nutzer die Schutzangebote des Systems überhaupt wahrnimmt. Andere hingegen, wie z. B. der gänzliche Verzicht auf Identifizierung, lassen sich auch ohne Eingriffe des Nutzers implementieren. Damit geht der Begriff des Systemdatenschutzes über die klassischen technischen und organisatorischen Maßnahmen hinaus (vgl. Roßnagel; Banzhaf; Grimm 2003, S. 190 ff.).

Als nachteilig soll die Tatsache angeführt werden, dass Regelungen zum Systemdatenschutz nur gegenüber Stellen im Inland durchzusetzen sind. Wettbewerbsvorteile könnten jedoch dazu führen, datenschutzkonforme Regelungen auch im Ausland dauerhaft implementieren zu können (vgl. Roßnagel; Pfitzmann; Garstka 2001, S. 39 ff.).

Unter dem **Selbstdatenschutz** hingegen werden nach ROßNAGEL Datenschutzmaßnahmen verstanden, die Nutzer einzeln für sich oder in Selbsthilfegruppen ergreifen können, ohne dass sie dabei von Systemangeboten unterstützt zu werden brauchen (vgl. Roßnagel 2003, S. 323 ff.). Der Nutzer übernimmt also die Steuerung und Kontrolle über seinen Datenschutz und ist in der Lage, die Schutzfunktionen auch dann auszuführen, wenn sie nicht im System angelegt oder von Anbietern unterstützt werden (vgl. Roßnagel; Banzhaf; Grimm 2003, S. 114).

Zentrale Maßnahmen des Selbstdatenschutzes sind beispielsweise (vgl. Roßnagel; Banzhaf; Grimm 2003, S. 190 ff.):

- Identitätsmanagement

- Instrumente für Inhaltsschutz (Konzelation, Steganographie),

- Anonymisierung und Pseudonymisierung

- Nutzerkontrolle

- Lokale Filterung

- Verschlüsselung

Vorteilhaft ist, dass die Techniken zum Selbstdatenschutz weltweit implementierbar und bei allen Kontakten in globalen Netzen anwendbar sind. Die Regelungen ermöglichen den Nutzern, mittels eigener Instrumente ihre informationelle und kommunikative Selbstbestimmung zu schützen, indem die erwünschte Verarbeitung ihrer Daten ermöglicht und unzulässige Datenverarbeitung verhindert wird. Zudem können sie den von ihnen als wichtig erscheinenden Selbstschutz jederzeit realisieren. Dies setzt natürlich voraus, dass die Nutzer die nötigen Kompetenzen und Fähigkeiten besitzen, welche für die Umsetzung der einzelnen Schutzmaßnahmen notwendig sind. Um diese sicherzustellen oder zu verbessern, ist eine entsprechende Unterstützung erforderlich, die ihre Ausgestaltung in Form einer Förderung von Programmen, die Schlüssel, Identitäten und Pseudonyme verwalten oder den Nutzer bei der Verwendung von Selbstschutztechniken unterstützen, bis hin zu guten Schulungen finden könnte (vgl. Roßnagel; Pfitzmann; Garstka 2001, S. 40).

Eine genaue Zuordnung der erläuterten PET-Tools zu Maßnahmen, welche dem System- oder dem Selbstdatenschutzes angehören, ist nicht eindeutig zu treffen. Als Beispiel für das Zusammenwirken von System- und Selbstdatenschutz sollen hier die Nutzerkontrollfunktionen exemplarisch angeführt werden, da einerseits die Funktionen von Anbietern angeboten und mit Daten versorgt und diese dann andererseits in die Systeme integriert werden müssen (vgl. Roßnagel; Banzhaf; Grimm 2003, S. 114f.).

Kritisch zu betrachten ist abschließend, dass die Funktionsbereiche des System- sowie des Selbstdatenschutzes nur dann wirksam umgesetzt werden können, wenn feststeht, wer überhaupt Verfügungsrechte über personenbezogene Daten beanspruchen kann. Wenn es nicht möglich ist, sicherzustellen, ob und von wem personenbezogene Daten verweigert, erhoben, gespeichert, verarbeitet, übermittelt, genutzt oder gelöscht werden, kann Sicherheit nicht gewährleistet werden. Aus diesem Grund sollte die Frage nach der optimalen Verteilung der Verfügungsrechte nicht außer Acht gelassen und eine Reduktion der Betrachtung allein auf die Steigerung der technischen Kontrollmöglichkeiten personenbezogener Daten vermieden werden (vgl. Kilian 2002, S. 2 f.).

4   Fazit

Nach der eingehenden Betrachtung ausgewählter Arten von PETs im mobilen Kontext und der Frage der Notwendigkeit dieser kann folgendes abschließend festgehalten werden. Im mobilen Kontext existieren bereits einige Datenschutzfreundliche Technologien. Darüber hinaus lassen sich PETs nennen, die sich relativ problemlos in diesen Kontext implementiert werden können. Andere hingegen finden aufgrund unterschiedlich einschränkender Determinanten nicht ohne weiteres einen Zugang in dieses Umfeld. Es lässt sich erkennen, dass ein Einsatz der einzelnen Schutzmaßnahmen sehr stark von den jeweiligen Rahmenbedingungen abhängt, wie zum Beispiel das verwendete Endgeräte und die verfügbare und unterstütze Datenübertragungstechnik. Daher kann hier keine verallgemeinerte Beurteilung getroffen werden. Eine detaillierte Betrachtungsweise ist aufgrund der genannten Gesichtpunkte notwendig und angebracht.

Neuere Projekte wie PRIME oder FIDIS geben wie bereits erwähnt Anlass in den nächsten Jahren mit der Anwendbarkeit verschiedener Verfahren rechnen zu können.

Herauszuheben ist, dass bei allen besprochen Einsatzmöglichkeiten die Endbenutzer, sowohl im mobilen, als auch stationären Umfeld Schwierigkeiten haben werden PETs eigenständig anzuwenden und in verschiedene Kontexte zu adaptieren. Begründen lässt sich dies durch eine uneinheitliche Strukturierung des Gesamtkonzeptes PET und einer mangelnden Anwenderfreundlichkeit des bisher angebotenen Systeme. Viele andere komplexe Systeme aus dem Bereich der Informatik haben bereits den Weg zu einem Massenprodukt erfolgreich beschritten und können als Vorbild gesehen werden. Daher scheint in diesem Bereich noch viel Entwicklungsbedarf zu herrschen um eine Akzeptanz der Endbenutzer zu verwirklichen. Alternativ könnten jedoch auch einige PETs ohne die Kenntnisnahme der Endbenutzer in die vorhandenen Systeme integriert werden, um so den entsprechenden Schutz gewährleisten zu können. Beispielsweise könnte man hier die Verschlüsselung im GSM-Netz anführen.

Erschwerend kommt hinzu, dass sich die Vielzahl der Anwender mobiler und stationärer Dienste nicht über die Gefahr der Verletzung ihrer Privatsphäre bewusst sind. Daher besitzen diese auch nicht das Bedürfnis nach besonderen Schutzmechanismen. Gerade der hohe Absrtaktionsgrad der technischen Anwendungen erhöht die sowieso vorhandene Hemmschwelle bei der Benutzung neuer Medien noch weiter. Diese Problematik beschriebt bereits SHOSTACK in seinem Aufsatz ""People Won't Pay For Privacy" an einem einfachen Beispiel. Menschen sind danach bereit Geld zum Schutz ihrer Privatsphäre beispielsweise für Gardinen auszugeben aber nicht für den Schutz ihrer digitalen Privatsphäre. Hier wäre ein Ansatzpunkt für den Einsatz systemischer Marketingwerkzeuge zur Bildung von emotionalen Schutzbedürfnissen bei dem einzelnen Individuum. Dadurch lässt sich eine gesellschaftliche Akzeptanz und Etablierung solcher technischen Schutzmaßnahmen realisieren.

Literaturverzeichnis

Monografien

Adam, U. (1995): Einführung in die Datensicherheit: Probleme und Lösungen, Würzburg.

Beutelspacher, A.; Schwenk, J.; Wolfenstetter, K.-D. (1999): Moderne Verfahren der Kryptographie, 3. Auflage, Braunschweig/ Wiesbaden.

Biskup, J.; Flegel, U. (2002): Ausgleich von Datenschutz und Überwachung mit technischer Zweckbindung am Beispiel eines Pseudonymisierers, Dortmund.

BITKOM - Bundesverband Informationswirtschaft, Telekommunikation und neue Medien e.V. (2006): Daten zur Informationsgesellschaft, Berlin.

Blarkom, G.W.; Borking, J.J.; Olk, J.G.E. (2003): Handbook of Privacy and Privacy-Enhancing Technologies, The Hague.

Bundesministerium für Bildung und Forschung (2005): Vernetzte Welt, Berlin.

BSI - Bundesamt für Sicherheit in der Informationstechnik (2003a): GSM-Mobilfunk - Gefährdungen und Sicherheitsmaßnahmen, Bonn.

BSI - Bundesamt für Sicherheit in der Informationstechnik (2003b): Kommunikations- und Informationstechnik 2010+3. Neue Trends und Entwicklungen in Technologie, Anwendungen und Sicherhheit, Bonn.

Eckert, C. (2006): IT-Sicherheit, Konzepte-Verfahren-Protokolle, München.

Eggers, T. (2005): Evaluierung beispielhafter Geschäftsmodelle für das mobile Internet. Auf Basis von Marktbetrachtungen und technologischen Gegebenheiten, Frankfurt am Main.

Federrath, H. (1999): Sicherheit mobiler Kommunikation: Schutz in GSM Netzen, Mobilitätsmanagement und mehrseitige Sicherheit, Wiesbaden.

Fritsch, L.; Zibuschka, J. (2006): Location Based Services Prototype, PRIME Reference Group Meeting Frankfurt Airport, Frankfurt.

Gora, W.; Röttger-Gerigk, S. (Hg.) (2002): Handbuch Mobile-Commerce, Sulzbach.

Kramer, P.; Herrmann, M. (2005): Datenschutz und E-Commerce, Berlin.

Münch, P (2005): Technisch-organisatorischer Datenschutz, Frechen.

Näf, M.; Streule, P.; Hartmann, W. (2000): Risiko Internet? Sicherheitsaspekte bei der Internet-Benutzung, Zürich.

Otto, A. (2003): Internet-Sicherheit für Einsteiger, Bonn.

Robens, D. (2000): Internet-Spionage – Der Sicherheitsratgeber für ihren PC, Düsseldorf.

Raepple, M. (1998): Sicherheitskonzepte für das Internet: Grundlagen, Technologien und Lösungskonzepte, Heidelberg.

Roßnagel, A.; Pfitzmann, A.; Garstka, H. (2001): Modernisierung des Datenschutzrechts, Berlin.

Roßnagel, A.; Bizer, J. (1995): Multimediadienste und Datenschutz, Stuttgart.

Schiller, J. (2003): Mobilkommunikation, 2. Auflage, München.

Schlageter, G.; Stucky, W. (1983): Datenbanksysteme: Konzepte und Modelle, Wiesbaden.

Schmeh, K. (1998): Kryptographie im Internet und Intranet, Heidelberg.

Wiehler, G. (2004): Mobility, Security und Web Services, Erlangen.

Wilikens, M. (2005): PRIME – Privacy and Identity Management for Europe, Requirements V1, Contract N° 507591, D1.1.b part1.

Wörndl, W. (2001): Privatheit und Zugriffskontrolle bei Agenten-basierter Verwaltung von Benutzerprofilen, München.

Sammelwerke:

Bergmann, G. (2005): Gelingende Kommunikation ist Information, in: Rademacher, L. (Hg.) (2005): Distinktion und Deutungsmacht, Studien zur Theorie der Public Relations, Wiesbaden.

Berthold, O.; Federrath, F. (2000): Identitätsmanagement, Kiel.

Chaum, D. (1981): Untraceable Electronic Mail, Return Addresses and Digital Pseudonyms. In: Communications of the ACM, Vol. 24, No. 2, Feb. 1981, S. 84-88.

Dix, A. (2003): Konzepte des Systemdatenschutzes; in: Roßnagel, A. (Hrsg.): Handbuch Datenschutzrecht, München, S. 363-386.

Federrath, H. (2005): Privacy Enhanced Technologies: Methods – Markets – Misuse, in: Proc. 2nd International Conference on Trust, Privacy, and Security in Digital Business (TrustBus '05). LNCS 3592, Heidelberg.

Federrath, H.; Pfitzmann, A. (2002): Technische Grundlagen, in: Alexander Rossnagel (Hg.): Handbuch des Datenschutzrechts, München.

Grimm, R. (2003): Technische Schutzmöglichkeiten, in Roßnagel; Banzhaf; Grimm (Eds.), Datenschutz im Electronic Commerce, Heidelberg.

Köpsell, S.; Pfitzmann, A. (2003): Wie viel Anonymität verträgt unsere Gesellschaft?, in: von Knop, J.; Haverkamp, W.; Jessen, E. (Hrsg.): Security, ELearning, E-Services; 17. DFN-Arbeitstagung über Kommunikationsnetze, Düsseldorf, GI-Edition Lecture Notes in Informatics (LNI) P-44, Bonn, S. 13-26.

Pfitzmann, A.; Borcea-Pfitzmann, K. (2006): Identitätsmanagement und informationelle Selbstbestimmung; in: Roßnagel, A. (Hrsg.): Allgegenwärtige Identifizierung? Neue Identitätsinfrastrukturen und ihre rechtliche Gestaltung; Schriftenreihe des Instituts für Europäisches Medienrecht (EMR), Saarbrücken, Band 33; Dokumentation der Stiftungstagung der Alcatel SEL Stiftung für Kommunikationsforschung, Baden-Baden 2006, S. 83-91.

Pfitzmann, A.; Hansen, M. (2005): Anonymity, Unlinkability, Unobservability, Pseudonymity, and Identity Management – A Consolidated Proposal for Terminology, Version v0.26, Dresden, Kiel.

Pfitzmann, A.; Steinbrecher, S. (2003): Digitale Glaubwürdigkeit und Privatsphäre in einer vernetzten Gesellschaft: in: Klumpp, D.; Kubicek, H.; Roßnagel, A. (Hrsg.): next generation information society? Notwendigkeit einer Neuorientierung, Talheimer Verlag, Mössinger-Talheim, 2003, S. 290-299.

Podlech, A. (1982): Individualdatenschutz – Systemdatenschutz; in: Brückner; Dalichau (Hrsg.): Festgabe für Hans Grüner, Percha, 1982, S. 451 ff.

Roßnagel, A. (2003): Konzepte des Selbstdatenschutzes; in: Roßnagel, A. (Hrsg.): Handbuch Datenschutzrecht, München, S. 323-362.

Zeitschriftenaufsätze:

Berthold, O.; Federrath, H. (2003): CookieCooker, in: DuD - Datenschutz und Datensicherheit 27/5 (2003), Ilmenau.

Federrath, H.; Pfitzmann, A. (1998): „Neue" Anonymitätstechniken; in: DuD – Datenschutz und Datensicherheit, 22 (1998) V2.6, Ilmenau, S. 1-5.

Hansen, M.; Krasemann, H.; Rost, M.; Genghini, R. (2003): Datenschutzaspekte von Identitätsmanagementsystemen; in: DuD – Datenschutz und Datensicherheit, 27 (2003) 9, Ilmenau, S. 551-555.

Hansen, M.; Borcea-Pfitzmann, K.; Pfitzmann, A. (2005): PRIME - Ein europäisches Projekt für nutzerbestimmtes Identitätsmanagement; in: it – Information Technologie 6/2005 Oldenbourg Verlag, München, S. 352-359.

Köhntopp, M.; Pfitzmann, A. (2001): Informationelle Selbstbestimmung durch Identitätsmanagement; in: it+ti Informationstechnik und Technische Informatik, Themenheft "Sicherheit" 43 (2001) 5, Oldenbourg Wissenschaftsverlag, München, S. 227-235.

Krasemann, H. (2006): Selbstgesteuertes Identitätsmanagement; in: DuD – Datenschutz und Datensicherheit, 30 (2006) 4, Ilmenau, S. 211-214.

Royer, D.; Rannenberg, K. (2006): Mobilität, mobile Technologie und Identität; in: DuD – Datenschutz und Datensicherheit, 30 (2006) 9, Ilmenau, S. 571-575.

Schwark, B. (2004): Anonymisierungsdienste im Internet; in: Karlsruher Transfer, Nr. 30, Karlsruhe, S. 26-31.

Wohlgemuth, S.; Gerd tom Markotten, D.; Jendricke, U.; Müller, G. (2003): DFG-Schwerpunktprogramm, „Sicherheit in der Informations- und Kommunikationstechnik"; in: it – Information Technology, 45 (2003) 1, Oldenbourg Verlag, München, S. 46-54.

Internetseiten

Arbeitsgruppe Datenschutzfreundliche Technologien (1997): Arbeitspapier "Datenschutzfreundliche Technologien", http://ec.europa.eu/justice_home/fsj/privacy/docs/studies/petgen_de.pdf (Zugriff: 25.11.2006).

bsi-fuer-buerger.de (2006): Mobile Kommunikation – WLAN, http://www.bsi-fuer-buerger.de%2Fdruck%2Fkap_wlan.pdf&ei=rr1VRbTJGo70-gLZhcGoDg&usg=__Lzh1H-eG2rDAyMVk9RUMp1PeevM=&sig2=2toETpqmDUdCiejcJi07hw (Zugriff: 11.11.2006).

Cranor, L. F. (2006): „Privacy Tools Overview", http://lorrie.cranor.org/ (Zugriff: 25.11.2006).

EUROPEAN COMMISSION (2003): Terms of reference of the technical workshop on Privacy-Enhancing   Technologies, http://ec.europa.eu/justice_home/fsj/privacy/docs/lawreport/pet/200304-pet-tor_en.pdf (Zugriff: 25.11.2006).

Grimm, R. (2004): Datenspuren, Datenschutzprinzipien und Privacy Tools, München. http://www.tu-ilmenau.de/fakmn/uploads/media/pet.pdf (Zugriff: 12.11.2006).

Hansen, M. (2006): Identitätsmanagement und Datenschutz, Schleswig-Holstein. https://www.prime-project.eu/prime_products/presentations/idmanage-berlin-20060913.pdf (Zugriff: 28.11.2006).

Kilian W. (2002): Rekonzeptualisierung des Datenschutzrechts durch Technisierung und Selbstregulierung?, Büllesbach. www.alfred-buellesbach.de/PDF/15_Kilian.pdf (Zugriff: 19.11.2006).

Lazarek, H. (2006): Datenschutz und Datensicherheit – Das Skript, http://web.inf.tu-dresden.de/~lvinfhl4/download/dsds/DASISKR1_adope.pdf (Zugriff: 25.11.2006).

GI - Gesellschaft für Informatik e.V (2006): Fachgruppe PET - Datenschutzfördernde Technik, http://www.gi-ev.de/gliederungen/fachbereiche/sicherheit/pet/ (Zugriff: 25.11.2006).

PRIME – Privacy and Identity Management for Europe (2006): Project Overview, Version 1.9, June 2006, https://www.prime-project.eu/prime_products/presentations/PRIME-Overview-V1.9.pdf (Zugriff: 13.11.2006).

Röttinger, K.; Schwill, A. (1999): Didaktik der Informatik, http://ddi.cs.uni-potsdam.de/Lehre/e-commerce (Zugriff: 10.11.2006).

umtsworld.com   (2006):   UMTS   Security, http://www.umtsworld.com/technology/security.htm (Zugriff: 11.11.2006).

Wörndl, W. (2003): Privatheit bei dezentraler Verwaltung von Benutzerprofilen, München. Dissertation. http://tumb1.biblio.tu-muenchen.de/publ/diss/in/2003/woerndl.pdf (Zugriff: 25.11.2006).

Zdnet.de (2006): Vodafone meldet in Deutschland 530.000 UMTS-Kunden, http://www.zdnet.de/news/tkomm/0,39023151,39134900,00.htm (Zugriff: 09.11.l2006).

Anhang

Anhang 1: Umkodierung zu mixender Nachrichten

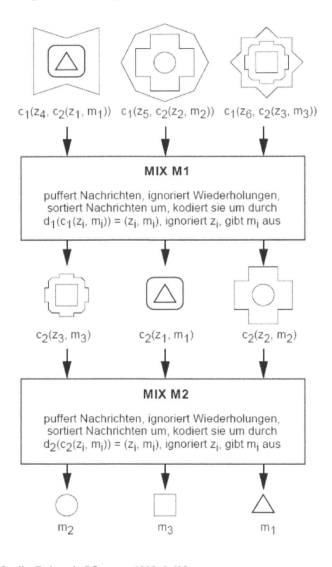

Quelle: Federrath; Pfitzmann 1998, S 628.

www.ingramcontent.com/pod-product-compliance
Lightning Source LLC
LaVergne TN
LVHW042259060326
832902LV00009B/1134